流量资本政治经济学研究

黄燕／著

湘潭大學出版社
XIANGTAN UNIVERSITY PRESS

前　言

在互联网时代，生动的实践、鲜活的个人、热议的话题等最终都通过流量呈现，而流量也因此被赋予了新的内涵。流量指一定时间内网站的访问数量以及电脑、手机等互联网终端所耗费的字节数，是一个技术性指标。随着流量在网络红人、网络热搜、门户头条、舆论事件中的广泛应用，借助一定流量载体使得网站访问流量以及移动终端上网流量暴增的现象频发，人们逐渐忽略了流量的技术性内涵，将其与商业、资本、生产、经济等结合，形成不容小觑的流量资本。从2016年底开始，“流量”用来形容娱乐圈明星粉丝多、人气高、影响广、商业价值大等。《咬文嚼字》编辑部经过广泛调查，将“流量”确定为2017年十大流行语。尽管学术界对于流量资本、数字资本的资本属性还存在争议，但是商业大鳄们已经能熟练运用资本操作流量，流量资本化成为一个不争的事实。聚焦流量资本的运行过程，以马克思的《资本论》为分析路径，对流量资本进行动态分析，将有助于解决争论，为解释流量资本的资本本质提供线索和依据。

流量逐渐成为资本的载体并以一种新的资本样态出现。这一变化是资本主义生产方式在网络经济领域的扩张，不仅给社会经济发展带来了新问题，也使社会意识形态领域迎来许多新挑战，流量资本成为影响社会发展的一个重要因素。早在流量经济之前，大众文化研究学者约翰·费斯克等人就已关注到传播对文化重塑的影响，他摒弃大众消费缺乏思考的传统认知，指出粉丝群体所进行的符号生产和传播能对文化等意识形态产生深远影响。北京邮电大学蒋淑媛关注到流量的资本属性，分析了流量资本在电视剧生产中的逻辑。流量成为马克思资本研究范式中“感性—抽象—感性”路径的某个感性终端，使资本对网络社会经济产生影响。魔性般地在网络空间扩张资本主义的生产方式，肆无忌惮地在互联网空间传播资本主义寄生的、腐朽的价值观，这些值得我们关注和思考。

当前，中国正处在“两个大局”同步交织、相互激荡的大背景中，“时代之问”一直摆在中国人面前。一方面，以美西主导的传统国际格局正在发生深刻变化，影响全球的“黑天鹅”事件和“灰犀牛”事件频发，国际力量的对比、国际体系的变化、国际发展的走势等越来越难以把握，人类以共同体的姿态迎接着这场近代以来最大的变革，人类历史进程也正以前所未有的新态势展现在世人面前。另一方面，以全球第二大经济体、全球制造业第一大国、货物贸易第一大国等身份出现在世界舞台的中国正昂扬迈进中华民族伟大复兴的历史进程，中华民族强起来的伟大飞跃不可逆转。克服国内经济发展“三期叠加”等带来的困境，面对世界百年变局的考验，顺利推进中华民族伟大复兴的战略全局，向第二个百年奋斗目标进军，是马克思主义中国化、时代化的重要任务。习近平总书记指出：“一种理论的产生，源泉只能是丰富生动的现实生活，动力只能是解决社会矛盾和问题的现实要求。”本书旨在通过剖析流量资本的运作过程，揭示资本主义生产方式在网络经济环境中的客观规律及影响，以促进我国网络经济的健康蓬勃发展。

本书是重庆市社会科学规划博士项目“互联网流量资本的政治经济学研究”主要成果之一，由重庆城市管理职业学院副教授黄燕博士独著。本书的研究工作得到重庆市社会科学界联合会、重庆城市管理职业学院社科处的指导，本书的出版得到重庆城市管理职业学院高层次人才科研启动基金“互联网流量资本的运动过程及现实问题研究”（基金编号：2025KYQD02）的资助，在此表示衷心的感谢。

目 录

第一章 绪 论

随着数字革命的不断深入，经济生活、政治生活、文化生活、社会生活等现实生活世界正逐步迁移至网络世界，形成了以互联网生存为特点的网络社会。“网络社会”早已不是新鲜的词语，约翰·奈斯比特的《大趋势：改变我们生活的十个新趋向》、尼葛洛庞帝的《数字化生存》、曼纽尔·卡斯特的《网络社会的崛起》、埃瑟·戴森的《2.0版数字化时代的生活设计》、马克·波斯特的《信息方式》、郭玉锦和王欢的《网络社会学》都对这个新型社会进行过系统而深刻的研究。随着网络社会越来越成熟，网络社会中的微观主体也越来越丰富，表现出越来越多的新样态与新特点，对现实社会产生了深刻的影响。本研究正是对网络社会的微观主体——互联网流量进行考察，将其置于马克思《资本论》的研究视域，考察其超越信息技术范式转变成资本样态的全过程。

本研究的场域是以互联网（包括移动互联网）为基础的网络社会，因此，研究的核心概念“信息”“流量”“流量劳动”“流量生产劳动”“流量资本”等均指互联网场域内的相关内容。

第一节 数字经济与流量经济辨析

一、数字经济

数字经济是信息经济的另一种称谓，旨在突出支撑信息经济的信息技术二进制的数字特征，是一种互联网经济。正如美国复合技术联盟主席塔帕斯科特于1995年出版的《数字经济——联网智力时代的承诺和风险》一书所说明的那样，信息技术的数字革命使数字经济成为基于人类智力联网的新经济。1998年4月15日，美国商务部公布了以《浮现中的数字经济》命名的第一份研究报告，着重分析信息这一核心资源对宏观经济和微观经济的决定性作用。此后，这样的研究报告又连续出了多份，均以分析信息产业、电子商务、网络经济等有关信息经济的发展为内容，数字经济的概念被越来越多的人所接受。数字经济的发展与信息技术尤其是互联网技术的广泛应用是分不开的，与传统经济的数字化、网络化、智能化发展是分不开的。基于此，有学者认为数字经济的本质在于信息化，包括信息技术的产业化、传统产业的信息化、基础设施的信息化、生活方式的信息化等。在信息产业化与产业信息化中，信息生产要求发展一系列高新信息技术及产业，既涉及微电子产品、通信器材和设施、计算机软硬件、网络设备的制造等领域，又涉及信息和数据的采集、处理、存储等领域。因此，数字经济是一个内涵比较宽泛的概念。作为一种新经济形态，数字经济以云计算、大数据、人工智能、物联网、区块链、移动互联网等信息通信技术为载体，基于信息通信技术的创新与融合，驱动社会生产方式的改变和生产效率的提升。凡是直接或间接利用信息和通信相关要素来引导资源发挥作用、推动生产力发展的经济形态都可以纳入数字经济范畴，包括技术层面的大数据、云计算、物联网、区块链、人工智能、5G通信等新兴技术和应用层面的“新零售”“新制造”等都是其典型代表。

数字经济已成为21世纪全球经济的主导形态，其发展速度之快、影响范围之广，远超工业革命以来的任何一次技术变革。据统计，全球数字经济规模已从2015年的15.6万亿美元增长至2022年的35.8万亿美元，占全球GDP比重突破40%。这种以数据要素为基础、数字技术为引擎的新型经济形态，正在引发人类文明史上第四次产业革命。这场变革不仅重塑了全球产业格局，更深刻地改变了人类社会的生产方式和生活方式。数字经济是继农业经济、工业经济之后的主要经济形态，其发展速度快、辐射范围广、影响程度深，正推动着全球生产方式、生活方式和治理方式的深刻变革，成为重组全球要素资源、重塑全球经济结构、改变全球竞争格局的关键力量。研究表明，数字经济正通过技术范式革新重构全球经济体系，形成数据要素驱动的价值创造网络。其中，数据成为关键生产要素，平台经济崛起改变了传统的劳资关系，算法权力正在重塑社会资源配置方式。2025年1月，数字经济3.0概念被媒体提及，大众正在用数字化手段赋能实体经济，数字经济未来发展的图景仍然是难于预测的宏观叙事。

二、平台经济

平台经济是在数字经济背景下生产力新的组织方式，也是一种新的经济模式。平台经济是以互联网平台为主要载体，以数据为关键生产要素，以新一代信息技术为核心驱动力，以网络信息基础设施为重要支撑的新型经济形态。2024年《政府工作报告》提出，支持平台企业在促进创新、增加就业、国际竞争中大显身手。党的二十届三中全会明确指出，促进平台经济创新发展，健全平台经济常态化监管制度。近年来，我国平台经济快速崛起，规模持续扩大。据国家统计局数据，消费互联网平台方面，2024年1月至10月，全国网上零售额12.4万亿元，同比增长8.8%，其中实物商品网上零售额10.3万亿元，同比增长8.3%；工业互联网平台方面，工信部数据显示，过去5年，我国已培育340余家有影响力的工业互联网平台，标识注册量突破6000亿个。宏观上讲，经济模式表示的是经济主体运行中带有总体性的本质性的特征，通常具有高度的概括性和整体性。平台经济作为一种新的经济模式，既是对传统经济组织的升级，又是对传统经济形态的革命，是经济主体在数字经济时代最常表现的生产组织方式，如亚马逊、淘宝、京东商城、携程等都是较为典型的平台经济模式。微观来看，经济模式也是经济运行过程中内容之间的有机联系，因此，平台经济也涉及对所有制结构、利益结构、组织结构、信息结构、决策结果和调节结构等社会经济基本管理体制和主要运行原则的新的变革。平台经济在规模效应和网络效应的影响下可能具有垄断风险，平台企业广泛使用的第三方用工机制等问题，恰恰表现出平台经济作为新经济模式在微观层面运行过程中所带来的诸多变革。

平台经济的运行特点主要表现在四个方面：第一，平台经济是典型的双边市场。平台企业一边面对消费者,一边面对商家,主要负责聚集社会资源和合作伙伴,通过聚集交易,扩大用户规模,使参与的各方受益,达到平台价值、客户价值和服务价值最大化。第二,平台经济存在较强的规模经济性。如果某一平台企业率先进入一个领域,或者由于技术、营销优势占据这一领域较大市场份额时,由于交叉网络外部效应和锚定效应,这家平台企业会越来越大,出现强者愈强的局面。第三,平台经济具备一定的类公共属性。当前平台经济涉及的领域多为事关人们衣食住行的民生领域,公共服务提供者的属性特征突出,呈现出一定的公共基础设施属性。第四,平台经济对数据要素具有明显的依赖性。平台经济根植于互联网,是在新一代信息技术高速发展的基础上、以数据作为生产要素或有价值的资产进行资源配置的一种新的经济模式,其运行天然就会产生大量数据,而其竞争也越来越多表现为数据资源与算力算法的竞争。

三、数据经济

数据经济是指以数据为核心生产要素,通过采集、存储、分析、交易和应用数据创造价值的经济形态,其核心内涵至少应该包括以下几个方面。第一,数据驱动是数据经济的本质。这意味着,数据成为与土地、劳动力、资本并列的关键生产要素,成为驱动经济决策、管理创新和经济效率提升的核心动能。第二,高度的技术依托是数据经济的重点。事实上,数据经济必须依赖大数据、人工智能、云计算等技术实现数据价值的挖掘与转化,否则数据将丧失其资源属性。第三,商业模式创新是数据经济的应用形式。数据经济背景下将催生平台经济、个性化服务(如精准营销)、数据交易市场等新业态。第四,价值链重构是数据经济的发展趋势。数据经济是数字经济的迭代发展,从传统产业的数字化(如智能制造)到纯数据产品(如算法模型)的开发,必将形成基于数据资源的全新产业链。可见,数据经济具有更强的虚拟性,也意味着具有更大的双刃效应。数据经济在提升社会生产力的同时,也引发了数据垄断、隐私泄露、算法歧视等伦理与治理问题。总之,数据经济标志着人类社会从“物质资源依赖”向“数据智能驱动”转型,甚至可能重塑全球经济竞争规则。

数据经济虽然植根于数字经济时代,但是人们对数据经济的认知却是一个相对独立的过程。2000年后,Web 2.0(如社交媒体、电子商务等)普及导致数据量呈指数级增长,“大数据”概念兴起。2011年,麦肯锡报告《大数据:创新、竞争和生产力的下一个前沿》首次系统定义大数据的经济潜力。2012年,维克托·舍恩伯格在《大数据时代》中指出“数据成为新石油”,推动学术界和产业界关注数据资源化问题。2015年,欧盟发布《数据价值链战略计划》,首次将“数据经济”纳入政策框架。2016年,中国“十三五”规划提出“国家大数据战略”,明确数据作为基础性资源。2020年,国际经合组织(OECD)发布《数据经济测量指南》,系统界定数据经济的范围与统计标准。随后,数据交易所等数据确权和流通机制建立,数据的资源属性被进一步认知。当前,人们普遍认为数据经济是互联网经济和传统经济的总和,世界上的万物通过它紧密地连接在一起。数据经济不仅是对海量数据的分析和应用,更是一种新的思维方式的构建。

四、流量经济

流量经济原是一个网络流行语,指在经济领域中依靠经济要素或生产物的流动带来经济效益与发展的经济存在形态的总称。进入互联网时代,流量经济则是指依托于互联网流量进行生产实践和商业实践的经济形态。具体而言,互联网流量经济通过互联网平台上的用户访问量、点击量等指标来捕获流量并创造经济价值,本质上是一种蕴含用户各类底层需求的注意力经济。可见,互联网流量经济的背后逻辑是互联网技术迭代驱动的信息效率的提升,使得流量脱离信息本身的内涵,转而成为一种重要的经济资源。本研究对流量经济的论述全部基于互联网场域。流量这一用户注意力的体现是作为一种数据资源支撑经济主体的各类商业活动并实现流量变现,因此,流量经济与数据经济有着紧密的联系。目前,流量经济在互联网平台上占据重要地位,尤其是在电子商务、社交媒体、视频平台等领域。随着5G技术的普及和移动互联网的发展,流量经济的增长尤为显著。例如,

2025年春节期间，移动互联网用户接入流量达到了660.3万TB，同比增长9.9%，其中5G移动互联网用户接入流量更是增长了35%。随着数字技术的进一步发展，流量经济将继续在数字经济中发挥重要作用，并可能催生出更多新的商业模式和经济增长点。可见，流量经济与平台经济、数字经济也是密不可分。流量经济实际上是数字经济、平台经济和数据经济的集中呈现。

微观层面，目前流量经济的运作机制主要包括以下几个方面：第一，广告投放，指商家通过购买广告位来吸引用户点击，从而实现品牌曝光和产品销售。如亚马逊、谷歌、淘宝等流量经济的主体均通过搜索广告和展示广告获得收入，其广告收入占公司总收入的很大比例。第二，内容创作，指优质内容吸引更多用户关注，进而产生流量，通过广告分成、会员付费等方式实现盈利。2025年春节期间，移动互联网用户接入流量达到660.3万TB，同比增长9.9%。其中，5G移动互联网用户接入流量占比60.9%，显示出5G网络的快速普及和广泛应用成为流量增长的重要驱动力。在此流量洪流下，抖音、微信、快手、腾讯视频和小红书等App使用流量居前列，占全部App使用流量的60%以上。这些应用不仅丰富了人们的假期生活，也以内容生产成为推动移动互联网流量增长的重要力量与获利主体。2025年春节期间，旅游过年、返乡探亲带动吃喝游玩等直播时长迅速增加。抖音直播内容带动团购订单量增长超70%，以文化和旅游消费的强劲增长再次论证了流量经济的强劲动力。第三，电商销售，主要指电商平台通过流量引导用户购买商品，实现商品销售和平台收益。以“健身顶流”刘畊宏流量营销为例，其抖音账号在2023年巅峰时期粉丝量高达7003.5万，单场直播观看人次突破4476万。然而，截至2025年2月28日，其粉丝量已跌至6149万，近30天内掉粉40.7万，累计流失854.5万，其直接影响就是直播数据惨淡：主账号场均观看量仅100万~200万人次，不到巅峰时期的1/20；副账号“刘畊宏健康来了”场均销售额仅7.5万~10万元，主营生鲜食品的总销售额也仅250万~500万元。可见，流量的下滑即意味着销售能力及收益的锐减。

第二节 政治经济学视角下数字时代的“五维”变革

从政治经济学的视角来看,数字经济正在重构传统的生产关系,创造新的价值形态,重新定义社会阶层结构,并在经济、政治、文化、社会、技术等多个维度呈现新经济形态的独特风貌。

一、经济维度:价值创造体系的重构

首先,数字经济以数据为核心生产要素,这一特征彻底改变了传统的生产函数,带来了生产要素革命。数据不同于土地、劳动力和资本,它具有非竞争性、可复制性和正外部性等独特属性。数据的收集、存储、处理和传输成本随着技术进步不断降低,这使得数据要素的边际成本趋近于零,打破了传统生产要素的稀缺性假设。据统计,数据要素投入对GDP增长贡献率从2010年的5.3%提升至2022年的18.7%(中国信通院,2023),形成“数据资本化—算法智能化—算力普惠化”的新型生产函数。剑桥大学研究表明,企业数据资产每增加10%,全要素生产率提升2.3%。

其次,以平台经济模式为组织基础,数字经济引起传统市场结构出现新的演化。平台企业通过构建双边或多边市场,连接生产者与消费者,形成网络效应。这种模式突破了传统企业的边界,创造了新的价值创造方式。平台不仅提供交易场所,还通过算法和数据分析优化资源配置,提高市场效率。目前,平台经济已掌控全球60%以上的数字交易流量(联合国贸易和发展,2022),亚马逊、阿里巴巴等超级平台通过API接口连接超过500万开发者,构建起多边价值网络。零工经济从业者占全球劳动力比例达12%,美国Upwork平台数据显示数字自由职业者收入中位数较传统岗位高23%。

最后,伴随着大数据、云计算、算力权力的崛起,数字经济正在带动产业间的融合与创新。德国工业4.0实践表明,制造业数字化改造可使生产成本降低17%、产品迭代速度提升40%。数字孪生技术在波音787研发中缩短试飞周期62%,减少物理实验成本85%。

二、政治维度：治理权力的重新配置

首先，数字技术的应用使得生产过程可以更加分散和模块化，改变了传统的国际分工模式。发达国家凭借技术优势占据价值链高端，而发展中国家面临被锁定在低附加值环节的风险。这种新的国际分工格局加剧了全球经济的不平衡。据统计，在数字经济背景下，全球83%的国家已建立数据本地化存储法规（WTO，2023），欧盟《数字市场法案》对GAFA（谷歌、苹果、Facebook、亚马逊）征收的数字服务税年均达120亿欧元。中美在半导体领域的投资竞争导致全球芯片研发投入五年增长340%。

其次，数字技术的信息聚合作用，能够整合、利用不同主体的优势，让主体、制度、数据等核心监管要素实现有机组合，提升监管效能，实现了政治权力监管范式的转型。例如，中国构建的“网络交易监管系统3.0”实现了每秒10万笔交易实时监测，新加坡金融监管局（MAS）开发的Veritas框架使金融科技监管效率提升60%。全球已有45个国家建立算法备案制度，要求平台披露推荐系统决策逻辑。

最后，数字经济对权力的重塑正在引发权力国际规则的竞争。2018年10月，习近平总书记在中共中央政治局第九次集体学习上的讲话指出，人工智能是引领这一轮科技革命和产业变革的战略性技术，具有溢出带动性很强的“头雁”效应。2017年9月，俄罗斯总统普京在讲话中指出，人工智能是未来，不仅对俄罗斯如此，对全人类也是如此。人工智能带来巨大机遇，但也带来了难以预测的威胁，谁成为这个领域的领导者，谁就会成为世界的统治者。2023年6月，美国总统拜登在美国空军学院毕业典礼的讲话中也提到，人工智能可能会改变冲突本身的性质，超越人类思维。商业领域，《数字经济伙伴关系协定》（DEPA）成员方数字贸易额年均增长19%，高于WTO框架下8%的增速。全面与进步跨太平洋伙伴关系协定（CPTPP）数字经济条款使成员国数字服务出口增长27%，形成规则外溢效应。

三、文化维度：意义生产机制的变革

文化是一个社会的精神生产能力和精神产品的统称，文化内容生产是文化传播、文化建设和文化影响的前提。随着数字经济向各个领域的渗透，传统意义上的文化生产（如权威出版、专家解读等）逐渐被文化内容生产民主化取代。早期的内容生产民主化，主要是基于数字技术的去中心化，即网络用户个体借助数字平台实现文化内容的个性化生产与传播。近年来，内容生产民主化开始呈现垄断化、流量化趋势，即以数字技术提升文化内容输出的效率，进而使得文化内容生产也被裹挟进数字经济的范畴，甚至丧失文化的独立性。据统计，TikTok平台日均用户生成内容（UGC）内容超8亿条，YouTube创作者经济规模达300亿美元。斯坦福大学研究显示，数字工具使艺术创作门槛降低75%，但专业内容市场份额仍占58%。

随着生产端的变化，文化认知重塑变得不可避免。"Z世代"（网络流行语，通常是指1995年至2009年出生的一代人，他们一出生就与网络信息时代无缝对接，受数字信息技术、即时通信设备、智能手机产品等影响比较大）数字原住民日均触媒时间达7.2小时，较60后群体高320%。元宇宙场景中，用户虚拟身份支出占可支配收入比例达12%，催生新型数字身份认同。不仅如此，他们的文化认知也深受网络文化传播的影响，甚至依赖于网络信息的传播，而传统意义上的集体主义、无私奉献、忠孝道德等价值认同则表现出明显的弱化和消解趋势。同时，文化认知重塑也变得不可避免。传统的文化认知实践场域（如课堂文化、邻里文化等）渐渐被数字场域取代，人们很难在现实中感受到浓厚的文化意蕴，文化情感交流也日渐疏离，数字经济主导下的文化场域成为人们文化情感和认知获得的重要方式。

四、社会维度：组织形态的数字化转型

当人工智能、大数据、云计算、平台经济等新兴技术的发展改变了社会生产方式，界定社会结构的劳动场景也在发生着深刻的变化。从劳动资料、劳动方式和劳动过程的改变到生产领域产业结构的变化，人们就业结构随之变化，甚至出现极化现象。一方面，数字经济的发展，激发出许多新型的就业形式，如电商直播、主播带货、公众号运营等，就业选择更加灵活多变。另一方面，随着数字经济的发展，对就业者的能力要求日益提高，在数字产

业劳动者收入水平提高的同时，由劳动者教育背景构筑的阶层壁垒更难跨越，社会财富分配呈现更为集中的特点，社会福利结构也迎来新的挑战。全球范围内，高收入群体（尤其是资本持有者和技术精英）的财富占比持续扩大，如全球最富有的1%人口掌握约38%的财富（Credit Suisse，2021）。微观来看，传统中产阶级因产业外迁、自动化和通货膨胀而收入停滞甚至下降，部分滑向“新贫困阶层”，少数科技巨头和高技能从业者占据市场主导地位。

数字经济也带来社会交往关系的变化，引起社群关系重构。据统计，Facebook社群数量突破1000万，Reddit虚拟社区形成新型意见领袖体系，韩国“元宇宙葬礼”服务使用者超10万，数字悼念文化甚至改变了传统社交仪式。一方面，传统社会分层和社群的主要依据是职业。大多数人一般只有一个主要的职业。人们通过教育获得职业，通过所从事的职业获得权力、收入和声望，而这些维度又与其他社会群体特征如种族、性别、年龄联系在一起。在数字化世界里，职业可能会变成在研究社会结构时没有太大意义的概念。人们所属的群体划分，可能更多的是基于网络上的互动和形成的群体认同。另一方面，城乡差异可能因为数字下乡、信息便利被消解，城市与农村的分野将失去意义，城乡二元结构所导致的户籍限制以及农村在教育、医疗等方面处于劣势也变得越来越模糊。

数字经济正在重塑全球价值链。数字技术的应用使得生产过程可以更加分散和模块化，这改变了传统的国际分工模式。发达国家凭借技术优势占据价值链高端，而发展中国家面临被锁定在低附加值环节的风险。这种新的国际分工格局加剧了全球经济的不平衡。

五、技术维度：基础设施的智能化跃迁

数字经济时代，5G、云计算、人工智能等技术蓬勃发展，推动算力需求爆发式增长，更加迫切地需要强大算力网络做支撑。据统计，全球AI算力需求年均增长48%，中国“东数西算”工程实现数据中心PUE值从1.5降至1.2，量子计算机“九章”处理特定问题比超级计算机快亿亿倍。可见，算力网络作为新型信息基础设施，是基础设施的智能化跃迁的重点，将在深度赋能数字

经济高质量发展的同时,为世界各大经济主体的建设和发展提供澎湃动能。以我国为例,2025年伊始,国家发展改革委、国家数据局、工业和信息化部联合印发《国家数据基础设施建设指引》,就推进算力资源科学布局,推进东中西部算力协同,推进算力与数据、算法融合创新等具体工作提出明确要求。然而,算法不仅决定了信息的呈现方式,还影响着资源的分配和机会的获取,从而深刻改变着全球的政治和竞争格局。算法权力正在成为新的社会权力形态,一边提高人们经济社会生活中的各类决策效率,一边加剧全球化竞争与经济社会内部的不平等。

连接能力突破是基础设施的智能化跃迁的第二个重点。据悉,5G毫米波技术使工业互联网时延降至1 ms,而6G研发竞赛中,中美欧专利占比达89%,太赫兹通信技术突破1 Tb/s传输瓶颈。实际上,数字经济呈现明显的"梅特卡夫–摩尔–达维多"定律叠加效应:网络节点价值与连接数量的平方成正比,算力每18个月翻番,创新者持续获得市场超额收益。这种"技术—经济—社会"的协同进化,正在形成"数字达尔文主义"竞争格局。数字技术的接入和使用能力正在成为新的社会分层标准。那些无法适应数字化转型的群体面临被边缘化的风险,加剧了社会不平等,威胁社会稳定。同态加密技术使金融数据可用不可见,蚂蚁集团商用级方案性能提升100倍。欧盟《通用数据保护条例》(GDPR)实施后,隐私计算技术市场规模年增65%,区块链存证司法采纳率超70%。

在残酷的数字化竞争背景下,国家与市场的关系也因此发生深刻变化,安全技术创新成为数字经济时代基础设施的智能化跃迁的又一关键。数字经济要求政府重新定义其角色,既要促进创新和效率,又要防范系统性风险。特别是数据主权、数字税收、反垄断等新议题的广泛讨论,更需要政府从技术层面引进并建立新的监管框架和安全保障系统。接入能力不同所导致的数字鸿沟,则从系统内部提出了安全技术创新的新课题。随着数据所有权与收益分配成为新的社会矛盾焦点,个人数据的收集和使用往往缺乏透明度和有效监管,数据收益的分配严重向平台企业倾斜。数字经济时代种种不对称的权力关系导致数据垄断和数字鸿沟的加剧，需要新的制度设计来平衡各方利益。

第三节 数字时代的资本样态及其增殖逻辑

一、数字资本及其范式革命：从物质生产到数据生产

数字经济正在重构全球经济运行的基本范式。工业文明以物质生产为核心构建的经济体系，在数字时代暴露出深刻的系统性矛盾。这种矛盾不仅体现为物理世界资源约束的显性化，更在于其内在逻辑与可持续发展目标的根本冲突。通过分析数据作为新型生产要素的生成机制、价值创造路径及其对传统生产关系的颠覆，数字资本以生产要素的变革推动经济形态从稀缺性竞争转向丰裕性协同，全球经济发展的范式革命正在发生。

一方面，以物质生产为核心构建的经济体系遭受系统颠覆的风险。工业革命以来，以物理资源消耗为基础的生产模式面临边际收益递减、环境承载力达到极限等系统性危机，使得以物质生产为核心的全球价值生产链受到的物理空间约束（如供应链断裂风险）日益加剧。这些危机与约束，既是人类社会发展的普遍规律，也符合物质生产本身的特点。首先，资源的稀缺性是物质生产的绝对约束。据资料显示，全球已探明石油储量仅够人类使用50年，稀土金属年开采量超过地质形成速度的10万倍。世界银行预测，到2050年关键矿产资源缺口将导致全球GDP损失4.3%。可见，不可再生资源正在加速耗竭。同时，空间分配也存在结构性失衡的问题，如半导体产业90%的氖气依赖乌克兰供应，这种地理集中度使物质生产体系时刻面临“资源民族主义”威胁。其次，环境承载力的刚性边界是物理生产扩张面临的又一约束。据统计，全球温升速率达到每10年0.2 ℃（IPCC AR6），碳排放呈指数级增长趋势，使得生态系统出现非线性崩溃风险，污染治理的效果仍然收效甚微。最后，物理空间始终具有不可扩展性是物质生产体系转向的底层逻辑。人类赖以生存的土地资源是最强硬的约束，资料显示，全球可耕地

面积自2000年以来年均减少0.3%(联合国粮食及农业组织发布的数据),而单位面积粮食产量增速从20世纪60年代的3%降至当前的1.2%。有数据指出,城市化进程吞噬的农田面积相当于每年消失一个克罗地亚。这些根本性矛盾表明,工业文明的经济范式已触及物理边界的"绝对极限"。当物质生产的边际社会成本超过边际收益时,向数据生产范式的跃迁不再是技术演进的选项,而是文明存续的必然选择。

另一方面,数据生产正以技术突破、要素重构与组织变革的三重叠加效应促进人类生产力的再次崛起,重塑着人类社会的价值创造方式。数据生产力的演化历程是一部技术与人类需求交织的创新史。20世纪50年代至80年代,计算机的诞生首次让数据以电子形式存储,企业开始用关系型数据库管理财务、库存等结构化信息,但此时数据量有限,处理效率低下,分析依赖人工统计,数据的潜力如同沉睡的矿藏,尚未被真正唤醒。进入20世纪90年代后,数据仓库和商业智能(BI)工具的出现,标志着数据从静态存储走向动态分析。企业能够整合分散的数据源,通过联机分析处理(OLAP)多维分析生成销售趋势报表,管理层第一次直观感受到数据对决策的辅助价值。然而,这一阶段的分析仍局限于历史数据,实时性与数据多样性尚未突破。2010年前后,数据生产力迎来爆发式转折。移动互联网与物联网的普及,让社交媒体、传感器设备每分每秒产生海量非结构化数据,传统数据库已无法应对。Hadoop分布式架构和云计算技术的成熟,使得存储与计算成本大幅下降,数据规模正式迈入ZB时代。电商平台通过用户行为数据实现精准推荐,工厂借助传感器预测设备故障,数据从"辅助工具"升级为企业的"战略资产"。与此同时,人工智能的崛起彻底改变了数据应用模式。机器学习算法不仅能从数据中识别规律,还能通过深度学习自动优化模型。流处理技术让实时决策成为可能,如网约车平台动态调度车辆、视频网站实时调整推荐内容等,但数据孤岛、隐私泄露等问题也随之凸显。欧盟《通用数据保护条例》(GDPR)的出台,折射出技术狂飙背后的治理焦虑。2020年至今,数据生产力进入更深层次的变革。中国将数据明确列为土地、劳动力、资本、技术之后的第五大生产要素，数据交易所相继成立，标志着数据从企业内部资源转变为可流通的社会化资产。隐私计算技术如联邦学习，允许医疗机构在不共享患者数据的前提下联合训练AI模型；数据编织（Data Fabric）架构打破企业内外部数据壁垒，让跨域协作更高效。生成式AI的爆发更是颠覆了传统认知——GPT等大模型利用海量数据，不仅能分析现有信息，甚至能创造诗歌、代码乃至商业方案。特斯拉将自动驾驶数据变成训练AI的“养料”，传统制造业通过数据交易优化供应链，数据价值开始渗透到经济系统的每个细胞。

纵观这场持续半个多世纪的变革，数据生产力的发展始终围绕“存、算、用、治”四个维度螺旋上升。从早期解决“如何存储”到今日探索“如何创造价值”，每一次技术突破都伴随着应用场景的质变。未来的挑战或许更加深刻：当量子计算突破算力边界，当区块链确保数据流动可信，数据生产力终将不仅是技术命题，更是文明进程中的一场社会实验。数字资本也将借由这场实验完成其资本扩张，斩获后物质生产时代的话语权。

二、平台资本及其价值捕获：双边市场与网络效应

21世纪以来，平台资本凭借其独特的双边市场架构，颠覆了传统单边市场的价值创造逻辑。亚马逊、阿里巴巴、优步等超级平台的崛起，不仅重构了全球产业链分工，更引发了对平台权力边界与价值分配公平性的争议。尽管争议和矛盾不断，事实上，互联网平台正以双边市场理论与网络效应实现用户规模扩张、数据资源整合与算法协调机制构建，并由此实现新的价值捕获机制，形成平台资本的扩张逻辑。

双边市场是经济学家Rochet和Tirole在2003提出的一个粗略的定义：双边（更一般地说是多边）市场是一个或几个允许最终用户交易的平台，通过适当地从各方收取费用使双边（或多边）保留在平台上。根据双边市场理论，平台通过连接两类及以上异质性用户群体（如消费者与商家、司机与乘客等），降低交易成本，实现用户吸附，进而获得交互价值。平台经济中的双边市场运作机制，本质上是一场精密的动态平衡游戏。它如同搭建一座连

接供需两侧的悬索桥，既要确保两端用户群体的规模与活跃度相互牵引，又要通过精巧的规则设计将这种交互转化为可持续的经济价值。这种模式与传统单边市场的根本差异在于，平台并非直接生产商品或服务，而是通过构建数字化的交易空间，让生产者与消费者、服务提供者与需求者在此相遇，并在交互中不断重构价值创造的方式。平台企业首先需要破解的是“鸡与蛋”的启动难题。例如，早期的淘宝，面对没有足够商家则难以吸引消费者、缺乏消费者则商家不愿入驻的困境，选择了对商家端实施“免费开店+流量倾斜”策略，同时，在消费者端以支付宝担保交易，消除信任壁垒。这种非对称定价策略正是双边市场的核心特征——价格不再反映成本，而是成为调节双边用户规模的杠杆。当网约车平台向乘客发放优惠券却向司机收取佣金时，实质是在用乘客侧的低价补贴撬动需求增长，进而吸引更多司机加入供给网络，最终形成供需互促的正向循环。从马克思主义政治经济学的角度分析，平台资本在指挥这场生产者与消费者的交互中也重构了生产关系，并构建了更为隐蔽的剩余价值生产机制与独立的资本循环机制。

这种循环得以持续的关键，在于交叉网络外部性的魔力。当一位新用户加入外卖平台，他不仅为自己创造了点餐的便利，更无形中提升了周边餐厅入驻平台的积极性，而餐厅的增加又会吸引更多食客，形成自我强化的增长飞轮。平台并非被动等待自然增长，而是通过数据与算法的精密操控不断加速这一进程。例如，滴滴出行在高峰期通过动态定价（加价倍数）同时调节两端行为：对乘客提高价格抑制即时需求，对司机增加补贴激励更多接单，使得供需匹配效率远超传统出租车招手停模式。在此过程中，用户每一次点击、每一笔交易都转化为数据燃料，驱动算法优化定价模型、预测需求热点，甚至预判用户尚未察觉的需求。随着双边网络规模的膨胀，平台逐渐从单纯的交易撮合者进化为生态系统的规则制定者，开始构建多重护城河：一方面，通过积累的海量行为数据形成独特的匹配能力，如美团基于用户位置、口味偏好、消费能力等数千个标签的推荐算法，使竞争对手难以复制其商户与消费者的连接效率;另一方面,延伸至支付、物流、金融等衍生服务领域,如亚马逊将Prime会员体系与流媒体、电子书等内容服务捆绑,大幅提高用户转换成本。这种生态化扩张实则是将双边市场的“二维连接”升级为“多维嵌套”,让用户一旦进入便难以脱离平台的引力场。

双边市场的权力结构天然倾向垄断,当平台跨过临界用户规模后,网络效应会形成强大的排他性力量。微信支付与支付宝的竞争便揭示了这种特性:消费者不愿携带多个支付App,商户也抵触同时维护两套收款系统,最终导致市场向头部集中。平台此时往往转向“榨取模式”——对入驻商家提高佣金率(如苹果应用商店30%的分成),对消费者实施大数据杀熟(如旅行平台对高频用户隐藏低价房源),甚至利用数据优势挤压合作伙伴的利润空间(如亚马逊通过第三方卖家销售数据推出自有品牌商品)。这种从“价值创造”到“价值抽取”的转变,暴露了双边市场机制中的黑暗面:当平台成为事实上的市场基础设施,其资本的私人利益与社会福利的公共利益之间的冲突也将愈发尖锐。

三、数据资本及其要素重构:信息资产化与资本化

数据资本化是信息资产化与资产资本化的双重跃迁过程,正在重塑全球经济运行的基本逻辑。据统计,全球数据总量从2010年的2 ZB增长至2023年的120 ZB(互联网数据中心),数据要素对GDP贡献率从2015年的6%升至2023年的15%(中国信通院),数据要素以边际成本趋零、非排他性、自我增强等新特征成为资本的新宠,并通过“数据要素—资产确权—资本增殖”的理论路径升级为资本形态的动态机制。

表1-1 信息资产化的三阶过程

阶段	核心任务	关键技术	典型案例
资源化	数据确权	区块链存证	贵阳大数据交易所2023年完成1.2万笔数据确权
产品化	数据定价	隐私计算	蚂蚁集团“摩斯”平台数据产品年交易额超200亿元
商品化	数据流通	联邦学习	深圳数据交易所2023年交易规模突破50亿元

首先，数据从原始信息转化为生产要素，直接促成了信息资产化的过程，也成为数据资本生成的前提。随着关键技术的突破，数据的商业价值逐步显现，数据要素逐步完成其市场化配置，数据成为继土地、劳动、资本之后的第四次生产要素革命的核心，深刻重构了价值创造、分配与循环的底层逻辑。具体来看，信息资产化以“资源化—产品化—商品化”三个阶段演进，如表1-1所示，数据由其技术属性转向商品属性，由此成为劳动价值的承载者，实现了资产化，这也为数据商品至数据资本的转化创造了前提。

数据产业化后对市场交易基本法则产生了直接影响。深圳数据交易所建立的“数据要素市场3.0”体系，通过隐私计算技术实现数据“可用不可见”，2023年促成数据交易额突破50亿元。其创新之处在于将传统产权交易转化为使用权交易，单笔数据产品可被2000家企业同时调用而价值不减反增，创造了“越用越值钱”的新型交易范式（深圳数据交易所年报）。这种模式使数据要素的市场化配置效率提升300%（中国信通院），彻底颠覆了物质资产的排他性交易逻辑。另一消费市场的明星平台——拼多多，也论证了数据资产化以后对生产要素市场的重构。拼多多基于分布式AI架构建立的“农地云拼”系统，通过实时聚合680个农业产地的生产数据与8亿消费者需求数据，将农产品流通环节从7层压缩至2层。这种数据驱动的供需直连模式，使芒果等易损农产品的损耗率从30%降至6%，农民增收35%（2023年白皮书）。传统市场中的信息不对称被数据穿透力瓦解，价格发现机制从“供求博弈”转向“算法预测”，数据资产因其对生产要素的颠覆性革命，即“有用性”被资本角逐，逐渐向数据资本跃升。

数据资本化本质是以网络效应、算法权力等重塑企业组织形态，即对生产关系的变革。字节跳动打造的“数据飞轮”模式，通过抖音平台每日处理的1.5 EB用户行为数据，实时驱动内容生产、广告投放与产品迭代的协同进化。这种数据驱动的自组织体系，使其在保持7万人员工规模时，人均运营用户数达到传统媒体集团的142倍（胡润研究院2023数据）。组织边界在数据流动中变得模糊，200万内容创作者与平台形成数字孪生关系，创造了传统企业难以复制的生态价值。

工业领域呈现更深刻的组织解构。海尔卡奥斯工业互联网平台连接15万家上下游企业，通过共享设备数据、工艺数据和供应链数据，使模具开发成本降低30%，订单响应速度提升50%。这种平台化组织使单个工厂的数据资本可被2000家企业复用，数据要素的边际成本趋近于零（海尔2023年报）。传统垂直整合的制造业巨头，正在裂变为数据驱动的价值网络节点。这场变革甚至使得经济权力从物质载体向数据算法转移。谷歌搜索算法处理85亿次日均查询时，消耗的边际成本仅为0.0003美元/次，而其广告系统通过数据资本创造的价值是运营成本的120倍（Alphabet年报）。这种价值创造方式打破了传统生产要素的边际收益递减规律，但也衍生出平台垄断、算法黑箱等新型治理难题。

四、流量资本及其价值实现：注意力市场的货币化机制

人类正经历一场无声的财富革命——全球每天产生超过50亿小时的在线注意力，这些看似无形的凝视、点击与停留，正在被精密的经济系统转化为可量化、可交易、可增殖的资本形态，即流量资本。当TikTok用户平均每秒滑动屏幕3.2次时，当Instagram动态广告的视觉停留0.8秒即可触发消费决策时，注意力已不再是心理学概念，而成为数字时代最稀缺的生产要素。这场革命的核心，在于构建了一套将人类认知资源转化为资本增殖的复杂机器，其运行机制深刻改变着价值创造与分配的底层逻辑。

在信息爆炸的漩涡中，人类注意力的生物性局限成为关键瓶颈。神经科学研究显示，人脑处理信息的速度上限约为120 bit/s，而当前数字平台每秒推送的信息量高达150万bit（MIT媒体实验室2023数据）。这种供需失衡使注意力成为数字经济中的“新石油”，其资本化过程通过三重机制实现。首先，时间货币化。奈飞通过分析用户观看时的眼球运动数据，发现当观众在片头7秒内眨眼频率下降23%时，该内容续订率提升65%。平台据此优化推荐算法，使单个用户月均观看时长从35小时增至42小时，每增加1小时注意力捕获可产生0.8美元广告溢价（2023年财报）。其次，行为证券化。亚马逊的“注意力期货”市场已悄然成型，广告主可购买特定用户群体的“预期凝视权”。例如，母婴产品商锁定怀孕检测试纸搜索者，在其后续18个月的育

儿信息流中嵌入定向广告，这种预售注意力合约的收益率达到传统广告的3倍(J.P. Morgan)。最后，认知剩余价值。知乎盐选专栏将用户的知识分享行为转化为7000个付费专栏，通过算法匹配问答场景中的认知盈余，实现内容生产成本下降80%而收益提升400%。这种模式使普通用户的专业见解被资本化，单篇高赞回答可产生持续5年的版税收益(2023年平台数据)。经过以上三重机制，资本化的流量早已脱离其信息技术范式，成为资本增殖的工具，形成了一套新的组织生产结构。

流量资本最终催生出超越企业边界的社会化生产网络，形成以社会化生产为核心的生产组织结构。在商品交换中，生产者往往比消费者更了解商品性能，而消费者则比生产者更清楚自己需要什么。在流量主导的生产体系中，生产与消费的这种清晰边界被打破，二者可以经由流量平台在流水线上实时对接。生产者与消费者的对接合作不仅消除了信息不对称，而且催生出新的市场需求并能够被生产端及时接收和反馈。在劳动价值创造语境下，消费者也参与生产，成为劳动价值创造体系的一部分。抖音的"创作者星系"连接2000万内容生产者，通过实时流量热力图引导创作方向。当"露营经济"话题的搜索量在凌晨3点突增，系统自动唤醒相关领域的创作者，3小时内生成15万条定向内容，形成流量龙卷风。这种群体智能使单个内容的爆款概率提升60倍，而传统多频道网络(MCN)机构需要30天才能完成同等规模的内容筹备。随着算法技术的进步，生产组织者能够更加完整和精准地认识世界，以共享经济、平台经济、网红经济以及区块链等为外在表现形式的流量经济时代正在呈现，资本则以算力为基础生产、控制流量，在生产方式创新的同时实现资本的不断增殖。

第四节 流量资本是数字经济时代资本样态的集中呈现

一、从信息到流量的认知转向

20世纪70年代，以军事应用为契机，互联网诞生。在军事策略、科学技术研究、科技产业发展等众力助推下，互联网作为一种创新的大型应用快速发展，很快成长为反传统的科技混合体，信息则成为互联网应用中的关键概念。传统意义上，信息泛指人类社会通过各种方式交换的一切信息。人们认识和改造世界就是通过信息展开的，从获得自然信息到识别人造信息，从通过信息认识自然界到制造信息定义自然事物，人类以信息为核心实现了对自然及自然界的人化。本研究中的信息指互联网信息，即借助互联网通信和信息系统传输处理的信息，如互联网中的文字、音频、图片、视频等。在一切通信和控制系统中，信息是一种普遍联系的形式，是创建互联网宇宙可识别的最基本单位。1948年，信息论的创始人——美国数学家香农发表论文《通信的数学理论》，指出了信息的基本内涵，认为信息是用来消除随机不确定性的东西。以该理论为基础，信息通信专家用字节书写信息，并采用封包的方式联结和传递这些信息，逐渐形成了去中心化的联结网络——互联网。图片、声音、视频、文字等，都可以被编辑成字节并转化为信息，成为消解人类不确定性的重要工具，也成为互联网及其应用的基础。这个脱离了中心控制的网络系统也日渐发展成为世界的中心，数码语言跨越了地域语言和文化的鸿沟而更易被普及，普遍沟通而建立的网络系统成为纯粹的网络逻辑，互联网促进了全球交流，也实现了互联网信息的广泛传播。信息星罗棋布于互联网宇宙并成为互联网流量的技术前提。

流量，指流动的物体在单位时间内通过的数量。互联网流量通常是指通过互联网中各应用（如平台、网站等）所产生的流动信息的数量，表现出网络信息的传播效率，表现形式为流量数据。事实上，信息学意义的流量起初也是这样设定的。在香农的传播学模型中，流量是一个附属性质，是计算互联网信息强度和信度的表现方式，因此，从信息学角度理解，流量是信息传播的一个衍生概念。流量与信息具有孪生的关系，二者统一于信息传播，以内容与形式的辩证统一共同呈现了以信息传播为基础的互联网社会的全貌，共同反映了网络社会内容实体的创造、使用和传输，共同表现了互联网的精神特质和运行规律，共同构成了互联网社会的基本生态。由信息生成的互联网社会五彩斑斓、丰富多彩，由流量生成的互联网表现出互联网的效率与发展方向。以我国为例，根据第52次《中国互联网络发展状况统计报告》,从互联网应用资源来看,截至2023年6月,我国网站数量为383万个,国内市场上监测到的App数量为260万款;以互联网接入来看,截至2023年6月,我国网民规模为10.79亿人,人均每周上网时长为29.1小时。信息产生各类应用资源,代表互联网的丰富性;流量以各类流量数据表现,代表互联网的运动性。前者以内容构建起互联网基本场景,后者以形式表征互联网的发展规模、趋势和各具体应用的发展变化。辩证地看,内容决定形式,技术内涵的流量由信息所决定。如早期的天涯社区,表征信息流量的"楼"往往是根据发布者的内容决定的,而"流量们"参与"建楼"的行为也是从内容出发的选择性行为。同时,形式反作用于内容,流量的规模,即信息传播的信度与效度也会对该信息产生反作用。当天涯社区某帖的"楼"越来越高,围绕该信息的流量越来越大,该信息也将登顶"热搜",被更多的人知晓,吸引更多的人参与讨论。当这种反作用日渐增强,流量也将日渐脱离其信息学内涵而具有社会学、经济学、政治学内涵。

流量超越技术范式更多地是从"量"的角度生成的。"流"代表信息传播,是信息运动。随着海量信息呈雪球状翻滚、不断地流动,信息传播呈现两种趋势:一方面,由于信息过多导致信息内容被迅速埋没,日渐丧失其本身的内涵;另一方面,由于信息流动的量越来越大,进而使得流量越来越具有辨识度,日渐具有新的内涵。正如恩格斯在质量互变规律中的论述:许多人协作,许多力量融合为一个总的力量,用马克思的话来说,就产生"新力量",这种力量和它的单个力量的总和有本质的差别。[①]当信息传播达到一定的量,两种趋势也将超越一定的极限,实现最终的质变。这时,信息内涵将被彻底忽略,流量替代信息成为与信息内涵截然不同的"新力量",互联网迎来了一种新的概念。此时的流量不再是信息学范式下的信息附属品,而是以技术外衣表征的一种互联网社会力量。剥去内容的外衣,信息本质上是人的意识、思想和认知的表达。当信息庞大到被自我吞噬,信息的内涵被忽略,意味着人的意识、思想和认知表达的内容被忽略。因此,流量虽然仍以流量数

① 马克思恩格斯文集(第九卷)[M].北京:人民出版社,2009:133-134.

据表示信息传播的效率，但此时的流量数据已经超越信息等内容表达，直接以人的行为为表征，即网民的注意力。以网民的注意力数据来表达信息传播的效率，不仅使得流量数据去除了内容对形式的束缚以及因内容的冗杂而造成的效率表达障碍，也表现了互联网社会化以后的发展趋势，具有更为丰富的内容。由此，流量的内容实体实现了由信息到网民注意力的转化，流量也实现了互联网表征从"物"到"人"的转变，对信息传播效率的表达更加清晰、直观、准确，也使得流量更兼具政治学、经济学、社会性应用价值。

由于社会功能和应用价值的扩大，流量日渐成为国民经济社会发展中重要的生产要素，信息化过程也在历经近半个世纪后出现了流量化转向的趋势。互联网企业通过广泛使用流量数据提高营销的精准性和目的性，网络经济运行效率随之提升。信息通信技术在对流量的研究与应用中获得了超常规速度的发展，如算法、大数据等均以流量为依托。互联网因流量超常规的技术与经济效率成为当代经济社会发展的基础设施。当流量的价值日渐被发掘和认可，越来越多的力量参与到流量的生成过程。信息到流量的质变过程，有两组催化剂。其一，是由流量本身的技术属性决定的，主要是由于作为信息计算形式的流量数据更容易被监控和识别，甚至生产。其二，是由流量的社会功能决定的，主要是流量所表征的互联网主体及社会发展状况具有强大的经济、政治应用价值，因而更易被纳入经济社会发展历程。这些因素加速了流量的生成和发展，也成为流量资本化的契机。随着信息到流量的质变越来越彻底，资本与流量结合的范围越来越广，流量资本形成。本研究探讨的流量正是超越技术内涵、由信息传播质变而来、兼具经济政治社会应用价值的流量。

二、流量资本自我增殖的物质基础

凡是价值均是劳动创造的结果。流量资本要实现自我增殖必须有新的价值创造并且能被资本无偿占有，这构成了流量资本实现自我增殖的物质基础。流量资本自我增殖的物质基础正是流量劳动创造的结果，更确切地讲，是经资本组织的生产性流量劳动的价值创造。

流量作为非自然生成物,是通过人类劳动产生的。流量劳动,顾名思义,即产生流量的劳动。具体如何理解,可以从马克思对劳动的相关论述中去把握。首先,马克思认为劳动创造了人。在《1844年经济学哲学手稿》中,马克思在区分人与动物的区别时说,"有意识的生命活动把人同动物的生命活动直接区别开来"①,人通过"自由的有意识的活动"②表明自身的类特性,因此,有意识的目的性成为劳动的首要特性。如前所述,流量最初的概念只是信息的附属品,其生成过程没有表现出主观能动的目的性。就个体而言,确实如此。在互联网使用的早期,没有使用个体会在自己收发信息时意识到流量生成问题。但是,就互联网整体而言,流量与信息是孪生概念。一旦有了信息,也就有了流量,因此创立者在最初就描述了"流量"这一概念。这说明流量是已经在人的意识中形成的具有主观能动性的存在物。事实上,最初的创立者早已多次捕获并使用流量对互联网和信息传播进行研究。可见,流量劳动具有一般劳动所规定的有意识的目的性。其次,马克思认为劳动构成了人的社会关系和社会生活的基础。"劳动首先是人和自然之间的过程,是人以自身的活动来中介、调整和控制人和自然之间的物质变换的过程"③,劳动在对象性的过程中建立了人与自然、人与人的联结,构成了人类社会,因此对象性是劳动的第二大特性。流量劳动在人类与互联网应用之间生成了表征信息交换效率的流量数据,其物质交换的对象正是包罗万象的互联网。作为人化自然的互联网虽然在形态上具有虚拟性,但其创造的互联网空间、互联网各类应用等总是通过一定的介质表现出交互的实体性。同时,人们与互联网之间的交互,本质上是同互联网空间的人的交互,又表现出一种人与人的物质交换关系。可见,流量劳动也具有一般劳动所规定的对象性,并且以流量劳动为联结在互联网社会中形成了一种流量关系社会。最后,马克思以劳动者、劳动对象、劳动工具为基本要素描述了劳动过

① 马克思恩格斯选集(第一卷)[M].北京:人民出版社,2012:53.
② 马克思恩格斯选集(第二卷)[M].北京:人民出版社,2012:54.
③ 马克思恩格斯文集(第五卷)[M].北京:人民出版社,2009:56.

程，显然，流量劳动过程也具有此三要素。流量劳动正是以广大网民为劳动者、以互联网各类数字化应用为劳动对象、以互联网终端为劳动工具的有意识的目的性实践活动，其生成的劳动产品即以数据表现的流量。流量劳动是原始流量概念下流量的形成过程，代表的是未参与商品生产的技术性流量。随着流量内涵的转变，流量由信息附属品转变为具有更广泛应用价值的流量商品，流量的产生由自然生成转入生产性过程，流量也被纳入商品经济的生产范畴，生产性流量劳动应运而生。

生产性劳动是商品生产条件下的劳动概念，是马克思劳动价值理论的基础，其核心内涵——劳动二重性更是理解政治经济学的枢纽①。生产性流量劳动，即为生产用于交换的流量商品的生产性劳动，因此生产性流量劳动应具备生产性劳动的普遍特点。第一，流量产生于商品生产极其繁荣的现代社会，具有普遍的社会分工与独立且广泛的应用价值的流量产品是流量劳动转变为生产性流量劳动的前提。一方面，流量劳动是生产性流量劳动产生的基础，即流量劳动提供了参与社会分工与流量产品生产的可能性；另一方面，随着商品经济的发展，生产性服务业需求增加，流量更是迎来了越来越广阔的应用场景，客观上加速了生产性流量劳动的产生。第二，生产性流量劳动是一种有用劳动，以其流量生产过程中的具体劳动表现出来。网民在网络世界冲浪，或休闲，或娱乐，或消费，或游戏，或工作，或者只是刷存在感，借助各种互联网应用，通过观看、收听、搜索、讨论、发布、游戏等一系列行为，将个体的注意力以数据形式留在流量中，流量劳动也因此具有了有用性。网民注意力能够为各类生产企业提供明确的市场信息，能够为消费者提供价值引领，进而更好地服务生产与消费。这使得流量劳动成为具体劳动或有用劳动，具有成为生产性劳动的现实基础。第三，马克思指出，生产性劳动又是抽象劳动，“它是每个没有任何专长的普通人的有机体平均具有的简单劳动力的耗费”②，而这种耗费并非无意义；相反，就相同的或抽象

① 马克思恩格斯文集（第五卷）[M].北京:人民出版社，2009:55.

② 马克思恩格斯文集（第五卷）[M].北京:人民出版社，2009:58.

的人类劳动这一属性来说,抽象劳动形成价值。流量生产过程中,不管是调动各类感觉器官,还是调动思维、组织语言编辑信息,抑或利用双手碰触终端,网民在观看、收听、搜索、讨论、发布、游戏等活动中必然产生一定量劳动力的耗费。生产性流量劳动具有人类一般简单劳动的性质,生产的流量因承载这种一般人类劳动的耗费而体现出价值。众所周知,商业社会的流量具有一定的价格。或者是网络红人因流量具有的商业价值,或者是因流量引流而备受欢迎的互联网平台席位,或者是互联网应用的商业广告,均以一定的货币表现出来。货币在此行使价值尺度的职能,代表流量的价格。流量价格以流量商品的价值为基础,正是生产性流量劳动抽象劳动的现实表现。

值得注意的是,流量劳动与生产性流量劳动并没有明显的技术性界限,也非历史发展的延续性。实际上,在同一历史条件下,流量劳动有可能是生产性流量劳动,也有可能是非生产性流量劳动,即原始意义的流量劳动。流量劳动与生产性流量劳动的根本区别在于是否参与商品生产。换言之,参与商品生产的流量劳动,即将网民注意力的有用性作为一种生产服务性应用参与到商品生产、交换、消费、分配等过程的流量劳动才叫生产性流量劳动,而未参与商品生产的流量劳动则是一般意义的流量劳动,不具备生产性质。也只有前者生产的流量是商品流量,而后者产生的流量仍为技术性内涵的流量。流量劳动与生产性流量劳动存在于同一个网络空间,也存在于同一个历史发展阶段。目前,最为典型的非生产性流量劳动有以下几种:其一,用于非营利性的技术研究的流量劳动。此过程生产的流量及其应用仍然以流量原有的技术性内涵为主,类似于商品经济之前自给自足的小农经济,不以交换为目的,也就不具备商品生产的前提,因此是普通意义的流量劳动。其二,用于公共性、公益性应用的流量劳动。此过程生产的流量及其应用并未纳入商品经济的范畴,与商品交换无关,因此也是非生产性流量劳动,如学习强国的流量生产、中国共产党思想理论资源数据库等。本研究以流量商品生产为研究起点,因此,以下论述的流量劳动均指生产流量商品的生产性流量劳动。

三、流量资本自我增殖的组织形式

雇佣劳动以资本和工人的联结构成了资本主义社会的中枢环节，是资本主义生产关系中的重要概念，也是资本主义生产传统的组织形式。在《资本论》第一卷第五章，马克思从整体上考察了剩余价值的生产，其中特别说明了资本主义的生产劳动，即创造剩余价值的劳动。马克思指出："从资本主义生产的意义上说，生产劳动是雇佣劳动，它同资本的可变部分（花在工资上的那部分资本）相交换，不仅把这部分资本（也就是自己劳动能力的价值）再生产出来，而且，除此之外，还为资本家生产剩余价值。"[①]因此，雇佣劳动最基本的内涵是无产者把劳动力作为商品出卖给资本家并提供剩余价值的劳动。可见，雇佣劳动并不以自身为存在依据，也没有独立运行的自我逻辑，只是从生产关系的角度对生产劳动的一种社会规定。正如马克思在《资本论》中所论述的，劳动力成为商品是资本主义剩余价值生产的前提，其中也就暗含着劳动力何以组织生产自身价值以及剩余价值的问题，而雇佣劳动正是这一组织形式。马克思在论述剩余价值的生产过程——资本主义的生产劳动时，将雇佣劳动看作资本主义生产劳动的基本属性，只有雇佣劳动才能生产剩余价值，也只有在此生产关系规定下的生产劳动才是资本主义的生产劳动。因此，雇佣劳动是资本主义生产的组织方式，是资本主义社会的经济前提。一旦资本家找到了自由劳动力并以雇佣劳动的方式组织生产、占有工人生产的剩余价值，货币就转化为资本，社会生产关系就进入资本主义生产关系。事实上，资本家和工人均非资本主义社会的主体，资本主义社会的主体只有一个，即资本。资本家代行资本的职能，工人是资本剥削的对象，雇佣劳动是受资本逻辑支配的存在形式。因此，雇佣劳动不可能是永恒存在，换句话说，在资本逻辑的支配之下，雇佣劳动完全可能被更优于实现资本逻辑的生产组织方式替代。吸附劳动正是资本逻辑下一种新的生产组织方式，也是流量生产的劳动组织形式。

---

① 马克思恩格斯文集（第八卷）[M].北京：人民出版社，2009：213.

吸附是一个物理概念，指物质表面吸住周围介质（液体或气体）中的分子或离子的现象。吸附劳动正是利用吸附现象的作用原理，以流量载体为中心吸住互联网空间闲散劳动以聚积劳动价值的生产组织形式。与雇佣劳动一样，吸附劳动不以自身为存在依据，没有独立运行的自我逻辑，本质上是一种生产劳动的组织方式。吸附劳动的产生起源于资本主义生产方式下的生产性流量劳动，是资本逻辑支配下流量生产劳动的组织方式。一方面，吸附劳动必须有一个信息源，以此源头为中心持续吸附网民的闲散劳动（也称注意力吸引），现实表现为提供具有一定消费价值的信息源积聚人气，如提供具有情绪价值的网红、提供具有娱乐价值的游戏、提供具有使用价值的互联网应用等。另一方面，作为生产资料的流量载体与网民相分离，现实表现为积聚的网络人气或流量归吸附载体所有，网民并不因参与流量生产而掌握或拥有流量，网民甚至处于流量无意识状态。与雇佣劳动不同，在吸附劳动中，劳动过程不再分为必要劳动与剩余劳动，而全部是剩余劳动。在雇佣劳动中，资本以契约形式组织生产，资本家通过工资购买工人劳动力，资本权力转变为组织生产、控制劳动进而占有剩余价值、实现价值增殖的权力，因此必要劳动时间本质上是资本主义生产方式下组织生产劳动、实现劳动控制、占有剩余价值的手段。吸附劳动由于不具备任何契约关系，原则上讲不应有必要劳动与剩余劳动之分，因此很多学者将流量劳动归结为产消一体的劳动、玩乐劳动等，其中的劳动控制与价值转移也因此被忽略了。事实上，不管是从吸附的工作原理还是从资本家组织生产性流量劳动的动机而言，流量劳动过程存在显而易见的劳动控制。一方面，现代几乎没有人能够离开互联网。普通人一旦离开互联网，生活、工作将无以为继，甚至有社会化死亡的危险。因此，网民身份是普通人“不得不”的选择，而依附于流量资本家所提供的流量载体也成为网民“不得不”的选择。另一方面，流量占有者尽可能使用资本权力占有网络控制权，甚至催生出各种数字霸权，同时运用心理学、社会学、政治学、经济学等专业知识对网民在网络中的意识、言论、行为、心理、喜好等进行控制和导引，以网民主观的自主实现对网民客观的控制，进而控制流量生产活动，占有剩余劳动。如果说雇佣劳动以工资形式给予必要劳动一定的补偿，进而产生了必要劳动与剩余劳动的差别，那么吸附劳动则以网民表面上的“消费”解决了资本家对劳动力损耗的补偿问题，使得必要劳动成为网民“消费”行为被掩盖而避免了补偿。可见，吸附劳动并未超越必要劳动与剩余劳动；相反，资本家以网民在流量生产中表面的主观的“消费”制造了流量生产非必要劳动的假象，再以资本权力下的网络控制实现对流量生产全部劳动的占有。因此，本研究将吸附劳动产生的价值称为完全剩余价值，即以网民在流量劳动中耗费的体力、智力为内容的必要劳动全部转化为流量价值并被流量资本家完全占有。这是流量转化为资本的关键，也是理解流量资本作为独立资本样态的关键。

四、流量资本成为数字时代资本要素的核心

流量资本产生于数字时代，超越了数字资本、平台资本、数据资本，成为数字时代资本要素的核心。这不仅缘于流量资本比数字资本更为密切的逻辑底色，也缘于流量资本在数字时代应用场景的综合性、生产组织的基础性以及对传统生产关系的颠覆性。

数字资本的概念最早由美国教授丹·席勒提出，他在1999年出版的《数字资本主义》中指出：“在扩张性市场逻辑的影响下，因特网正在带动政治经济向所谓的数字资本主义转变。”[①]其后，尼古拉斯·尼葛洛庞蒂等学者对数字资本进行了更为深入的研究。经过各国学者的多年研究，数字资本的概念已较为成熟。根据马克思在《资本论》中的描述，资本是能够实现自我增殖的货币，其增殖的秘密在于以雇佣劳动的形式购买劳动力商品并占有该商品使用过程中产生的剩余劳动创造的价值。任何资本样态的产生，必须具备供资本逻辑支配的自由劳动力，现实表现为独立的产业体系、产业资本家和产业工人。根据《财富》杂志发布于2022年8月的世界500强排行榜，世界上最赚钱的公司中，数字化企业苹果、Alphabet、微软、Meta Platforms、腾讯等赫赫在列，与世界上声名鹊起的各大能源公司、投资公司等竞争，成为当代先进生产力和生产方式的代表。在信息技术革命的推动下，社会分工进

① 丹·希勒．数字资本主义[M]．杨立平，译．南昌：江西人民出版社，2001：54.

一步发展，数字经济蓬勃发展的同时也成长为与传统产业、金融产业等相并列的产业体系，并以独特的社会功能参与社会分工体系。显然，数字产业的发展为数字资本的产生提供了可能性，为数字资本剩余价值生产提供了庞大的数字产业工人。数字产业工人即提供数字劳动的劳动力，数字劳动则是基于信息通信技术产生的一种以数字生产为核心的劳动方式的统称。广义的数字劳动包含信息通信技术专业劳动、互联网应用开发与维护专业劳动以及面对互联网受众的劳动。显然，以上三种形式的数字劳动，数字化技术含量越来越低，劳动者数量却越来越多。甚至，有人将与数字化产业相关的劳动者的劳动也界定为数字劳动（如计算机制造中的采矿劳动）。为了更清楚地界定数字劳动，本研究将这种劳动排除在外。总的来说，随着数字产业的发展，数字产业工人不断充盈，数字资本家以雇佣劳动的形式购买数字劳动力，通过数字产业工人的数字劳动实现剩余价值生产并以资本权力占有该剩余价值，最终实现资本增殖，形成数字资本。有学者总结：数字资本家将数据与现代技术完美结合，建立了庞大的数据流通和积累体系，最终形成了数字寡头和数字工厂系统。在这个意义上，数字就不再仅仅具备传统的统计和计算功能，而是被快速商品化，转变为一种能够为资本家创造巨大利润的资本样态。[①]

流量资本是资本逻辑在流量生产领域扩张的结果，实现了流量的资本主义生产。同数字资本一样，流量资本的产生也必须具备剩余价值产生的前提条件——供资本逻辑支配的流量劳动力，现实表现为流量生产体系、流量资本家和生产剩余价值的流量工人。首先，流量因其在经济领域广泛的应用价值而成为联结互联网经济不可缺失的社会分工环节。商品（不管是否数字产品）进入互联网市场总是要去寻找最开阔的流量入口，互联网网站、互联网平台以网站流量、平台流量为标准提升运行效率，网红明星的商业价值由粉丝流量决定，游戏软件的市场价值是玩家数量表现出来的流量。可见，流量以营销基础、市场载体、价值标准等职能参与社会经济分工，对制

① 代砚春，孙美玲．数字技术、数字劳动和数字资本：数字资本主义的逻辑批判[J]．河北农业大学学报（社会科学版），2022，24（05）：23-29.

造产业、金融体系和数字产业等产生深刻的影响，是其具备独立资本样态的前提之一。其次，资本逻辑即资本自行增殖逻辑，因此流量资本产生的核心是流量剩余价值的生产。只有流量剩余价值生产成为可能，流量资本家才能代表资本占有剩余价值并在流通领域实现剩余价值，流量资本才能完成价值增殖，流量资本也因此产生。如前所述，在吸附劳动中，资本家提供流量载体作为生产资料，以吸附流量劳动创造的价值；网民自主“消费”，积极地参与到娱乐、游戏、消遣、搜索、话题讨论、明星互动等互联网应用行为中生产流量；流量劳动创造的价值转移到流量数据中，流量数据以广泛且巨大的应用价值表现流量的劳动价值；流量资本家将流量数据作为商品，以各种形式的“流量变现”实现并占有流量生产的完全剩余价值，完成从货币到流量资本的转化。以流量资本运动公式“$G—W—G'$”观之，流量资本具有以下几个特点：第一，就货币资本G的有机构成而言，由于网民自主“消费”的主观感受使得流量资本的可变资本$V=0$；同时，吸附劳动又实现了将流量劳动转变为完全剩余劳动。可见，流量资本以吸附劳动的形式创造了一种全新的资本有机构成，实际上创造了一种新的资本增殖逻辑。第二，就生产资本W的生产过程而言，流量生产超越了时间和空间限制，以吸附劳动虚伪的自主性将对工人的剥削由被动转变为主动，突破了工作场所、工作日、工人等核心概念的法律和道德限制，建立了一种更为广泛、更为彻底、更为深刻的剩余价值生产关系，强化了资本剥削的力度。第三，就商品资本G'的实现而言，由于流量资本仍然属于产业资本的范畴，即由网民生产流量价值，因此，流量资本的增殖或者流量资本家的利润（如明星带货、平台及明星的利润）本质上是网民流量劳动的价值转移，而非来源于社会其他生产部门的分配，现实中表现出流量数据应用对市场的开拓或垄断。流量资本与其他资本的交融并不是流量资本的本质，而是资本增殖后资本权力的表现形式。总之，流量资本在吸附劳动的组织下创造了一种与以往资本样态全然不同的资本有机构成，建立了一种全新的剩余价值生产关系，表现出强大的资本增殖逻辑，实现了资本权力对他人更为广泛、更为彻底、更为深刻的剥削。这也是本研究将流量资本看作独立资本样态的根本依据所在。

对数字资本与流量资本进行比较分析，可得出如下结论：第一，二者都是产业资本，且都是与数字产业相关联的产业资本。不同的是，数字资本支配的领域更专注于数字产品生产，而流量资本支配的领域更专注于数字产品的应用。因此，数字资本的商品形态是各类数字产品，而流量资本的商品形态则是围绕数字产品的流量数据。在此特别说明，以网络红人、网络明星为载体的流量生产，虽然其主体表现为现实的个人，但是该个人以“人设”为重点，本质上是一种符号的化身，是互联网场域内通过数字技术维护出来的一种人设符号，是数字技术下的人化产品。第二，二者实现资本逻辑的方式不同。数字资本通过雇佣劳动的形式占有数字工人的剩余劳动，实现资本逻辑的方式主要是增加劳动时长的绝对剩余价值生产和压缩工人必要劳动时间的相对剩余价值生产，因此数字资本的资本作用机制与扩张机制并未发生根本性的变化。流量资本通过吸附劳动的形式占有网民的剩余劳动，实现资本逻辑的方式是产消合一的完全剩余价值生产。虽然在此过程中，根据剩余价值生产机制的不同，也可分为绝对剩余价值和相对剩余价值，但是资本的作用机制与扩展机制已经发生了颠覆性的变化。第三，就资本的本质——一定物质表现下的剥削关系而言，流量资本的剥削与压迫更为彻底、广泛与隐蔽。所谓的彻底，是指流量资本将网民的价值生产过程彻底变成了资本的价值增殖过程；所谓的广泛，是指流量资本无处不在、无时不在，即使该资本原始动机并非流量剩余价值，但是凡互联网企业几乎都享受到了流量剩余价值；所谓的隐蔽，则是指被动剥削到主动剥削的转变，以网民产消合一的网络存在形式实现了剥削关系的彻底隐藏。

第五节 研究框架与研究方法

一、研究框架

本研究以马克思《资本论》作为理论基础，采用马克思资本分析的基本框架，借助“具体—抽象—具体”的思维方法，在充分总结马克思《资本论》视域的基础上，对流量资本进行静态和动态研究，并以此为依据提出流量资本出现后中国的应对策略。

第一部分：第二章。分析马克思《资本论》的研究视域与流量资本问题。马克思《资本论》的研究视域是以资本“生产—流通—社会化”为线索的时间视角、以剩余价值“生产—交换—分配”为广度的空间视角、以资本主义“产生—发展—灭亡”为逻辑的社会发展视角的综合运用，具有深刻的哲学内涵。与其他理论视域不同，马克思《资本论》的研究视域看待流量资本问题更深刻、更全面、更系统。

第二部分：第三章和第四章。论述流量资本的可能性。以流量商品为起点，流量资本展开其增殖逻辑。一方面，以数据表征的流量将网民注意力作为使用价值呈现出流量商品形态，并通过流量数据的广泛应用展开流量商品交换。另一方面，网民在注意力使用中不断发生的脑力和体力损耗转移至流量数据，构成流量商品的价值基础。资本则以吸附劳动的形式组织资本主义生产方式下的流量生产，无偿占有流量数据中承载的完全剩余价值，再通过流量数据商业应用实现剩余价值。在此过程中，流量资本以吸附劳动代替雇佣劳动，以对网民必要劳动零补偿的形式实现了流量劳动价值向剩余价值的完全转移，以独特的资本有机构成完成了资本的自我增殖。因此，流量资本开创了一种新的资本增殖逻辑，在流量生产领域建立了更为彻底、更为广泛、更为深刻的剥削关系，呈现出一种新的资本样态。

第三部分：第五章。考察流量资本生产的逻辑演绎。通过此前的论述，流量的生产劳动过程与流量资本的价值增殖过程均已清晰呈现，流量资本以绝对剩余价值的生产逻辑和相对剩余价值的生产逻辑展开流量完全剩余价值的生产。基于权力控制、劳动控制和主体控制，使得网民在网络空间沉迷，网民绝对上网时长增加，流量资本以绝对剩余价值生产强化增殖逻辑。在流量技术控制、加速主义、平台资本主义、空间扩张理论等背景下，网民因欲望、意识、偏好、情感等编织出流量生产的“自觉”，流量资本以相对剩余价值生产强化增殖逻辑。

第四部分:第六章。考察流量资本的扩张及其一般规律。流量资本以积累、循环、流通以及利润社会化为主要内容进行扩张。当流量剩余价值在不同样态的资本之间分配,流量资本利润率社会化掩盖流量剩余价值的本质,流量资本实现从财产权到社会权力的转化,流量资本实现扩张。流量资本的现实问题正是扩张一般规律的具体表现。

第五部分:第七章。分析流量资本辩证否定的实践超越与具体路径。首先,资本的双重性质与科学技术的正义,构成了辩证否定的理论依据。然后,流量资本问题的现状与资本在我国流量数据正义实践中的现实表现,构成了辩证否定的实践依据。最后,对流量资本的实践超越将落脚于从理论层面、技术层面、国家治理层面设计的三条具体路径。

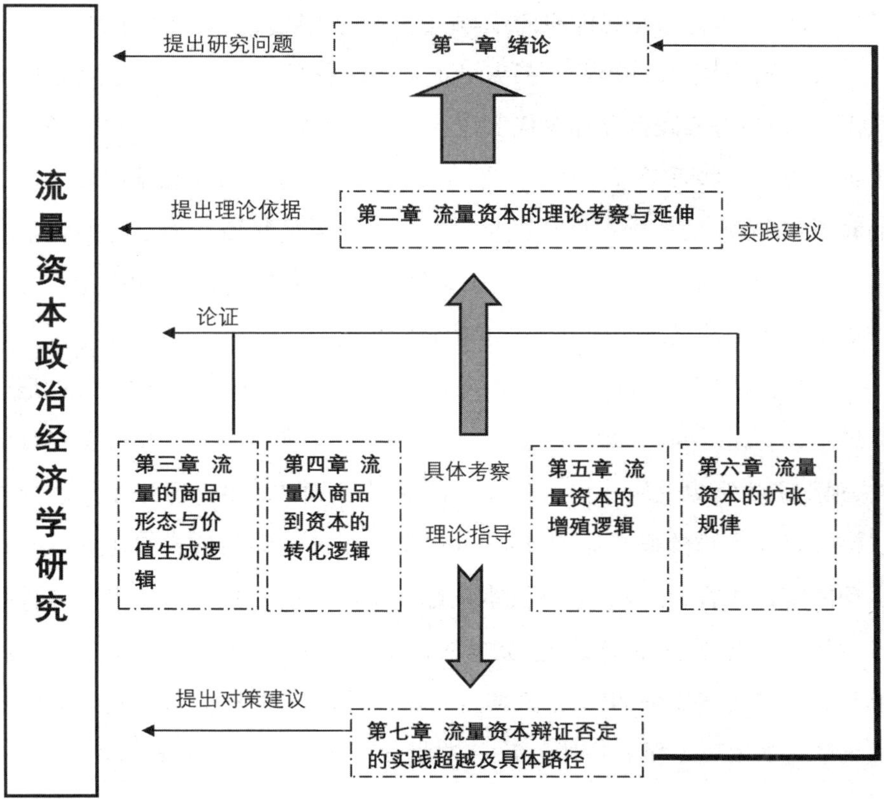

图 1-1 研究思路

二、研究方法

1.基本研究方法

(1)马克思主义唯物史观。马克思与之前唯物主义哲学家最大的不同是他将历史置于物的实在语境下进行考察。社会存在是基础,社会意识通过反映社会存在产生,并随着社会存在的变化而变化。当然,社会意识也非简单的"映射",而是通过认识和实践探索对社会存在产生反作用。所有的社会观念,作为一种社会意识,总是在一定经济基础上产生,本质上反映的是社会经济关系,反映了现象背后的经济利益、阶级立场等。本研究从社会存在与社会意识的相互关系出发,透过围绕各种互联网流量的现象考察流量资本产生、运行的客观机理,揭露流量资本的本质及流量资本主义。

(2)马克思主义认识论。马克思主义认识论既是实践认识论,又是历史认识论,即通过实践探索和时代变化认知现实世界、解决现实问题。马克思曾批评说:"这些哲学家没有一个想到要提出关于德国哲学和德国现实之间的联系的问题,关于他们所作的批判和他们自身的物质环境之间的关系问题。"[①]因此,本研究将基于网络社会流量资本形成的实践和历史考察,对其作资本本质和发展规律的政治经济学分析与批判。

(3)马克思主义辩证法。唯物辩证法是马克思重要的思维方法,也是马克思主义者把握问题、探究规律、揭示本质重要的研究方法。从现实实践出发,跟随事物历史发展变化趋势,运用马克思全面的、系统的、完整的思维方法把握存在事物的概念运动过程,并以概念辩证运动的形式叙述资本矛盾运动的辩证过程,是马克思在资本论研究中对辩证法具体的运用。本研究将运用马克思的资本辩证法、资本的辩证否定、资本自我否定的"四大界限"、资本主义辩证法、资本主义的自我扬弃与自我发展等,系统且全面地揭示流量资本运动过程中的对立统一、质量互变和否定之否定规律。

---

① 马克思恩格斯选集(第一卷)[M].北京:人民出版社,2012:66.

2.具体研究方法

(1)视角比较研究法。运用不同的理论视角进行比较研究,从不同视角的比较中全面认知流量资本,获取流量资本在西方经济学、信息技术学、政治社会学等领域的内涵、外延和特征,为本研究提供充足的理论借鉴、材料支持、技术支持和实证数据。

(2)材料文本分析法。通过对近年来互联网领域中的流量文本分析,摸清流量资本在我国的发展现状和趋向,客观认知流量资本的运行过程,为理论研究提供详尽的感性材料。

(3)调查研究法。通过调查研究,发现流量资本作为资本在积累中造成的社会问题,对人们的生活、社会历史发展造成的影响,分析关键矛盾,把握引导流量资本健康运行的关键要素。

(4)案例分析法。选取流量资本中的具体案例,从不同领域、事件、技术方式等分析流量资本的差异,分析其遮蔽的数字劳动在其中的重要角色,对具体的流量资本作显微镜式的探析。

(5)实证研究法。综合运用网络大数据的信息收集和处理方法,以及问卷调查与深度访谈相结合的方法,获取网络平台、各行业等涉及流量资本的相关数据。同时,运用马克思主义理论、政治学、经济学、社会学、传播学等多学科方法和知识、多领域视角进行归因分析和过程模拟。

本章小结

本章围绕数字经济时代的资本形态及其演进逻辑展开论述,系统剖析了流量资本的核心地位与时代特征。首先,通过辨析数字经济、平台经济、数据经济、流量经济等概念,强调流量经济是数字经济的关键子集,奠定了后续分析的逻辑基础。接着,以政治经济学视角提出数字时代引发的变革,并揭示这些变革如何重构资本的作用场域,推动传统资本向数字化形态转型,进而引出流量资本问题。然后,进一步聚焦数字时代的新型资本样态,解析其依托数据、算法、平台等要素的增殖逻辑，分析了资本增殖从实体依赖转向流量聚合的新趋势，为流量资本的政治经济学批判提供了现实基础。最后，综合前文，明确流量资本作为数字经济时代资本样态的集中呈现，其本质是通过掌控用户注意力、数据资源及网络效应实现价值攫取，标志着资本形态从物质化向数字化、虚拟化、流动化的历史性跨越。本章通过逐层递进的分析，揭示了流量资本在数字经济中的核心地位，阐明了流量资本问题的出发点与立足点，客观上构成了本研究的事实基础与问题导向。

第二章 流量资本的理论考察与延伸

在全球经济金融体系逐步数字化的进程中，流量从一种技术术语转身成为资本的载体，形成流量资本。随着流量资本的扩张，如何看待流量资本、总结其对中国特色社会主义经济、政治、文化的影响并对此进行反思，进而促进流量资本实现有序健康发展，充分为社会主义现代化建设服务，这是流量经济时代决策者和研究者均广为关注的重要课题。马克思在《资本论》中通过对资本主义体系内在逻辑矛盾的分析，探索了市民社会中的诸多经济现象和经济问题，从历史唯物主义立场作了系统的分析和解释，为分析资本问题提供了一套系统的政治经济学研究范式，也为后世看待、对待和解决资本问题提供了系统理论。本章将着力于整理马克思《资本论》研究的基本理论问题，从理论上归纳总结马克思《资本论》的主要研究视域，以期在实践中全面审视流量资本的现实问题。

第一节 《资本论》的核心理论框架

一、《资本论》的研究立场

1.历史唯物主义的立场

马克思着眼于动态的历史发展过程，突破性地从唯物主义的视角重新认识人类历史，运用辩证思维方法全面考察了人类历史的整体性和系统性，创立了历史唯物主义，使得人们能够更加清晰地判断出人类历史发展的趋势、人类社会发展出路以及人的自由全面发展的基本路径。历史唯物主义自诞生起便成为马克思所有研究的基础，也是马克思学术研究的基本立场。

承认人民在历史发展中的主体地位、首创精神、智慧来源，利用生产力与生产关系、经济基础和上层建筑的辩证关系促进历史发展，是马克思探讨资本问题的前提，也是马克思主义政治经济学批判的基本立场。事实上，《资本论》是一部展现马克思历史唯物主义的哲学著作，是马克思在唯物史观指导下对“抽象上升到具体”的基本思维方法的具体应用。纵观马克思的思想发展进程，尽管标志着唯物史观形成和创立的《关于费尔巴哈的提纲》《德意志意识形态》《〈政治经济学批判〉序言》等著作，已经充分表述了唯物史观的基本原理，但《资本论》在政治经济学批判的微观层面反向建构了唯物史观，从而为唯物史观理论新形态的创生和“发达机体”形态的获得奠定了微观基础[①]。历史唯物主义开创了以历史唯物主义立场科学描述历史的微观表达，也为走向历史深处微观研究奠定了基础。

诚如列宁所言：“马克思的经济学说就是马克思理论最深刻、最全面、最详细的证明和运用。”[②]在《资本论》中，政治经济学批判与唯物史观是一体两翼的关系，是以《资本论》为文本载体的两个方面的辩证统一。[③]理论上，唯物史观为《资本论》研究提供了基本立场、主要理论观点、系统的辩证思维方法，使得马克思在资本研究中跳脱出西方传统经济学研究形而上学的桎梏，开创了利用社会问题、现实矛盾、生动现象认识世界、改造世界的科学研究模式；另一方面，《资本论》立足于现实的具体的市民社会生产组织体系，科学地厘清了资本从商品到货币再到更多资本的裂变过程，以批判的视野展开对资本家、工人的生活生存状况的研究，最终通过资本主义生产关系的矛盾变化为唯物史观的深化和发展提供了微观基础。《资本论》作为马克思的经济学与哲学完美结合的理论巨著，不仅以历史唯物主义为研究的基本立场，也证明了历史唯物主义的科学性。

---

① 王峰明.《资本论》与历史唯物主义微观基础——以马克思的生产力理论为例[J].马克思主义研究，2011(11)：78-90+160.

② 列宁全集(第26卷)[M].北京:人民出版社，2017：75.

③ 王维平，张起梁.经济学-哲学批判的唯物史观底蕴——《资本论》及其手稿对唯物史观的深化[J].理论探讨，2020(2)：69-75.

2.辩证统一的立场

自从马克思完成了对黑格尔辩证法从“天上”到物质世界的改造，辩证统一的立场便成为马克思立论著述的基本立场，在《资本论》中体现尤甚。可以说，整个《资本论》就是围绕现实资本的辩证统一。在意识形态领域，资本统一于商品拜物教，表现为工人的斗争精神和资本家的贪婪心理；在价值形态领域，资本统一于货币，表现为工人生产的商品与资本家持有的资本；在社会关系领域，资本统一于资本主义生产关系，表现为工人的被剥削、被压榨与资本家的剥削、压榨；在历史发展领域，资本统一于资本主义社会，表现为资本主义不断升级的经济危机与“两个必然”的最终结果。可见，《资本论》以辩证统一的立场，呈现了资本主义社会生产关系这一统一体背后的固有矛盾，而最终资本主义生产关系也会在虚假的统一中走向必然的毁灭。

在具体的论证中，马克思同样运用辩证统一的基本方法，表现辩证统一的立场。首先，以商品为起点分析资本主义，商品本身就充满着各种辩证统一的关系。从使用价值到价值，从价值形式到价值形式的实现，从价值二重性到劳动的二重性，从矛盾双方互相依赖、互为条件到矛盾互相排斥、互相背离乃至互相对立，商品集各种辩证统一关系于一体，而这些辩证统一的关系也必将在商品形态到资本形态的转化后延续。其次，资本也表现出各种辩证统一的关系。众所周知，资本的产生过程本身就是一场辩证的矛盾过程，货币羽化为资本，马克思感叹：“必须在流通领域中，又必须不在流通领域中。”[①]这一论述直指资本产生的基本辩证与统一的矛盾，即资本的产生以流通领域实现虚假的统一，真正的过程却在对劳动力剩余价值的无偿占有这一生产场域。流通领域与生产领域在资本外衣之下实现了统一，然而相互否定的立场却未改变，这一过程也表现出资本主义生产关系本身的矛盾。最后，对资本的整个审视过程也展现了马克思辩证统一的基本立场。正如

① 马克思恩格斯文集（第五卷）[M].北京:人民出版社，2009:194.

马克思那句著名的论断："资产阶级在它的不到一百年的阶级统治中所创造的生产力，比过去一切世代创造的全部生产力还要多，还要大。"[①]马克思以资本在人类历史发展过程中的作用，客观判断资本的积极影响与消极影响，根据资本本身的运动规律对资本展开了从肯定到否定的批判。这一过程统一于人类历史发展历程，辩证地看待了资本主义社会核心要素的固有对立，充分展现了马克思在《资本论》写作中辩证统一的科学立场。

3.批判的立场

当马克思以历史唯物主义的立场展开对资本主义生产关系辩证的、科学的研究，批判立场就成了应有的基本立场。唯物史观以生产力和生产关系、经济基础和上层建筑的矛盾运动为基本内容，因此，由生产力发展带来的社会生产关系的变革、由经济基础决定的上层建筑的调整就成为应有之义。从根本上说，否定之否定存在于资本主义生产方式内部，辩证历史性存在是资本的固有状态，批判就成为马克思看待资本及资本主义生产方式的坚定立场。具体说来，马克思在《资本论》及其手稿中借用黑格尔的"合理内核"实现了对资本主义"此在世界"的深刻反省，再以融会贯通的态度进一步确证了"彼岸世界"以及其美妙景观。《资本论》既是一部资本主义理解史，又是一部资本主义反思史、批判史。更得宜的说法，马克思借助《资本论》展示了资本主义之"自我否定"的运动规律和批判的逻辑学。批判既是马克思向世人证明"合理内核"的立论，完美解释资本主义社会的方法论，也是马克思借用批判的否定性对人类社会资本主义发展阶段的否定，从正反两方面论证了人类历史的发展规律。

马克思在《资本论》中不仅站稳了批判的基本立场，还表现出运用批判的高超技巧。在批判语境中，人类社会三种社会状态以"肯定—否定—否定之否定"的发展序列表现出来，马克思借助政治经济学中的"资本"这一具象表现出来。正如学者们的评价：根据黑格尔的概念辩证法来构造出一种历

① 马克思恩格斯选集(第一卷)[M].北京:人民出版社,2012:405.

史发展的辩证法，即把当下的资本主义社会看成发展过程中的一个特定阶段，一个否定性的历史环节，由此出发揭示整个历史发展的基本规律。[①]马克思批判的高明技巧还表现为对批判主体的选择，以资本为核心的物的批判是最显而易见的批判主体，却又是最浅层的批判，更深的内涵在于"以物的依赖性为基础的人的独立性是批判的表象"对"人的依赖关系"的否定，本质上是对个人全面发展的再论述。批判是马克思论述方法的外衣，内在仍然表达着对工人被剥削命运的怜悯、对不公平社会的控诉、对美好社会景观的憧憬。马克思以批判这一严肃又严谨的立场表现了最温柔的人文关怀，运用"批判的武器"来实现"武器的批判"，实现了对"现存世界"的省思，表现了无产阶级革命家敢于革命、善于革命的斗争精神。

4.实证科学的立场

相较于过去政治经济学研究以某一理论原则为根据，不对现实本身进行反思和审视，显然，马克思在《资本论》研究中摒弃了这种立场，转而引入大量的事实材料和数据证明进行理论研究，力图从现实出发证明其概念、判断和论断的科学性与真理性。这就是马克思在《资本论》研究中表现出的实证科学的立场。19世纪五六十年代，为了研究政治经济学，研究资本主义运行规律，马克思在大英图书馆阅读了大量书籍，做了大量的摘记，为《资本论》实证研究查找了充足的实证材料。据统计，马克思读过和做过摘记的书籍达1500多种，写作笔记材料（包括手稿、摘录、提纲和札记）共100多册。马克思的实证研究涉及的领域很丰富，除了政治经济学及相关学科以外，他还研究农艺学、农业化学、有机化学、无机化学、实用工艺学、实用经济学、代数等，为政治经济学研究提供充足的学科论证。马克思这种实证的立场摆脱了传统经济学家以某一理论为依据的狭隘视野，也摆脱了传统经济学家形而上学的研究方法，更是跳脱了局部的、僵化的、孤立的理论视野对现实问题的偏执，将整个资本主义世界置于现实的、全局的、整体的、系统的思维

---

① 张盾，田冠浩．黑格尔与马克思政治哲学六论[M].北京:学习出版社，2014:10。

中考量,既注重学科之间的协作与互动,也重视历史与现实之间的影响,是一种更加科学客观的研究立场。

早在1845年,马克思就曾以非哲学家的身份与传统哲学家相对立,在《关于费尔巴哈的提纲》中提出通过实践建立认识、改造世界的实证研究基本立场。在1845—1846年著的《德意志意识形态》中,马克思、恩格斯再次表达了对哲学的否定,同时确立了实证科学的研究立场。在《1857—1858年经济学手稿》和《资本论》等文本之中,马克思以更加成熟的实证研究方法,引入大量的经济学数据和典型案例,从事实出发,超越了过往对"经济人"僵化研究的思维模式,注重理论和实际相符合、逻辑和历史相统一,揭示了商品矛盾的二重性、货币的演化生成过程、资本的羽化以及剩余价值的生产过程、资本的积累与扩张等,进而展现了资本主义这一社会形态发生、发展的全过程。正是基于这一系列的科学实证才得出两个必然的结论,为社会历史发展作出了科学预测。

二、马克思《资本论》的研究方法

1.基本方法:唯物辩证法

唯物辩证法是马克思主义理论被人们广泛熟知的研究方法,也是马克思在《资本论》研究中采用的基本方法。从方法结构来讲,唯物辩证法包含唯物主义的世界观、方法论和辩证的思维方法;从方法的应用范围来讲,包含面向物质世界的唯物辩证法,也包含应用于人类历史发展历程的唯物辩证法,即通常所说的唯物史观。马克思在《资本论》研究中,着眼于物质世界的本质,充分理解人在历史发展过程中的主体地位,尊重自然世界和历史进程中的基本规律,运用抽象思维与具体思维相结合的思维方法,全面地、系统地、完整地揭露资本主义生产关系的本质,为人类历史继续发展提供了有益的洞见和预测。

由于《资本论》关注人类社会问题,马克思尤其强调唯物辩证法中的唯物史观,他所指出的"我所得到的,并且一经得到就用于指导我的研究工作的总的结果"[①]正是唯物史观。马克思对这段话更详细的表述是:"人们在自己生活的社会生产中发生一定的、必然的、不以他们的意志为转移的关系,即同他们的物质生产力的一定发展阶段相适合的生产关系。这些生产关系的总和构成社会的经济结构,即有法律的和政治的上层建筑竖立其上并有一定的社会意识形式与之相适应的现实基础。物质生活的生产方式制约着整个社会生活、政治生活和精神生活的过程。不是人们的意识决定人们的存在,相反,是人们的社会存在决定人们的意识。社会的物质生产力发展到一定阶段,便同它们一直在其中运动的现存生产关系或财产关系(这只是生产关系的法律用语)发生矛盾。于是这些关系便由生产力的发展形式变成生产力的桎梏,那时社会革命的时代就到来了。随着经济基础的变更,全部庞大的上层建筑也或慢或快地发生变革"[②]。这其实就是马克思运用唯物辩证法进行《资本论》研究的具体过程,也为世人呈现了唯物辩证法具体的应用方式和应用场景。

2.理论研究方法:抽象思维方法

人以思维为工具认知世界。依据马克思的认识论,人类通过器官的各种感性功能认识世界,再将这些质朴的、简单的材料通过人脑进行加工,最终形成了人们对世界系统的、全面的、完整的认识,而这就是科学理论。可见,正是人脑的加工实现了人类认识从质朴感性材料的累积到真理经验的升华,因此,抽象思维方法是人类理论研究必不可少的方法。马克思在《资本论》研究中,以商品这一资本主义社会最常见的感性材料为出发点,经过思维科学的抽象,将商品抽丝剥茧,最终提炼出价值、使用价值、交换价值等一系列概念。马克思以这些已经抽象的概念为线索,不断地运用抽象思维方法,使这些概念所包含的内容之生成、运用、发展过程呈现出来,使得与之相关的其他具体事物进入研究视野并且被不断地揭示出本质和运行规律。

① 马克思恩格斯文集(第二卷)[M].北京:人民出版社,2009:591.

② 马克思恩格斯文集(第二卷)[M].北京:人民出版社,2009:591-592.

从抽象到具体再到抽象，人类抽象思维以“黑格尔”式地螺旋上升方式将资本主义社会一一地解剖，最终达到马克思的研究目的。抽象思维既提炼抽象的规定，又分析范畴的综合，是一种缜密且系统的研究方法。

运用抽象思维方法始终有个前提，那就是对物质世界、人类世界感性的了解和把握。正如马克思所指出的那样：“从抽象上升到具体的方法，只是思维用来掌握具体、把它当作一个精神上的具体再现出来的方式。但决不是具体本身的产生过程。”[①]简言之，抽象思维方法只是加工材料的过程，并不生产感性世界本身。也就意味着，抽象上升到具体的方法必须有前提和基础，那就是我们生活的感性世界和所处的时代背景。抽象思维方法是一种理论生成、理论描述和理论阐释的方法。感性材料是抽象思维的基础，抽象思维方法必须与唯物辩证法结合使用；否则，抽象的理性就如无源之水、无本之木，既不能做好研究，找寻出事物的本质，总结出规律，解决好问题，甚至会误入唯心主义的泥潭而使研究功亏一篑。

3.叙述方法：逻辑优先的方法

任何理论研究都需要叙述方法，就是对理论进行完整表述的方法。在《资本论》研究中，马克思遵照抽象上升到具体的思维顺序，采用了逻辑优先的叙述方法。一般而言，理论具有经验的特质，根据事物发生、发展过程及规律进行概括总结得出。也就是说，在理论产生之前，历史已经以一定的限度通过独立的现象或物体发展的、复杂的、具体的存在状态将理论之要描述的简单范畴和原理表现出来了。马克思的理论叙述便是以这些现象或物体为起点展开，根据事物发展逻辑展开叙事，即逻辑优先的叙述方法。在《资本论》研究中，马克思将商品作为起点，从普遍发生的商品展开叙事，流通、货币、资本、劳动、生产、工作日等一系列概念在事物发生发展逻辑中一一铺陈开来，由浅入深、从易到难、从简单具体抽象到复杂经验，最终完成了对资本主义整个生产过程、生产方式、生产关系的叙述。逻辑优先叙述方法的基

① 马克思恩格斯全集(第四十四卷)[M].北京：人民出版社，2016：42.

本特点是历史与逻辑的一致性，历史发展的逻辑就是理论阐述的逻辑，理论阐述的顺序依据历史发展的顺序，因此人们很容易跟随理论阐述理解理论，达到现实与认识的一致，甚至引导人们主动生成理论想要揭示的规律和真理。

在某些情况下，逻辑与历史之间也会出现不一致的现象。比如《资本论》中的地租，这个范畴先于资本主义社会就已经存在，资本主义的地租又夹杂着对剩余价值的占有和剩余价值的平均化等问题。因此，单纯以历史逻辑顺序来阐述地租已经不能满足理论研究的需求。在此，马克思摒弃了历史发展的叙述顺序，转而先说明地租的来源——剩余价值，再结合地租的历史进行阐释。这样的叙述，逻辑与历史有可能不一致，然而并不影响读者对理论的理解，也正是因为有了剩余价值理论的铺垫，人们才能真正理解资本主义的地租。可见，逻辑优先的叙述方法本质上是要阐述各种范畴出现的逻辑顺序，尤其反映出范畴之间以经济关系为核心呈现关系。逻辑优先的叙述方法是要从根本上保证理论阐述的科学性，重要的不是逻辑是否与历史顺序相符，而是要遵从逻辑优先的基本原则。

三、马克思《资本论》的主要观点

《资本论》作为马克思主义百科全书，是一个巨大的理论宝库，其主要理论包括：劳动价值理论、劳动力商品理论、货币理论、剩余价值生产理论、工资理论、资本主义积累的历史趋势理论、相对过剩人口理论、资本循环和周转理论、社会资本再生产理论、平均利润和生产价格理论、商人资本理论、地租理论、分配关系与生产关系的相互关系的理论等，其中，剩余价值生产理论是核心理论。正是由于对剩余价值的研究，马克思发现了资本主义的基本矛盾，揭示了资本主义运行的规律，论证了资本主义生产方式的历史性及资本主义最终将被共产主义所代替的历史发展趋势。具体地看：在《资本论》第一卷，马克思以资本生产为线索，着眼于资本生产过程的一般前提（商品和货币）和特殊前提（劳动力成为商品），剖析了剩余价值的资本化过程，揭示了资本主义生产关系的本质和生产方式的发展规律；在《资本论》第二卷，马克思以资本流通为线索，从考察个别资本的循环、周转入手，将资本从单个运动过渡到整个资本主义社会总资本的运动考察,并从社会发展的角度说明了资本主义经济危机产生的根源和机制;在《资本论》第三卷,马克思着力考察资本主义生产的总过程,分析了剩余价值的分割以及由此造成的资本的分化,完整地再现了资本主义生产社会过程的现实表象,阐述了剩余价值的各种现实转化形式和资本的各种具体形式。

由于篇幅有限,本研究不能对《资本论》博大的理论观点作全面的阐述。但是,正如马克思本人及学者们的洞见,劳动价值理论是“理解政治经济学的枢纽”,剩余价值生产理论是《资本论》的核心,社会资本再生产理论则以资本历史发展的视野完成了马克思资本批判的初衷:阐明阶级解放、社会解放与人类解放的现实道路。因此,本研究对《资本论》中的劳动价值理论、剩余价值生产理论、社会资本再生产理论作详细的阐释。一方面,这三大理论为本研究提供了重要的理论基础;另一方面,这三大理论从不同层面始终贯穿在马克思《资本论》各卷的批判主题和理论逻辑中,一定程度上展现了《资本论》研究的整体思路。

1.劳动价值理论

劳动价值论最早由英国经济学家配第提出,亚当·斯密和大卫·李嘉图均对劳动价值论作出了巨大贡献。马克思在《资本论》中批判地继承了前人劳动决定价值的学说,以劳动二重性学说为核心标志创立了科学的劳动价值理论。马克思劳动价值理论主要包含四个具体内容:第一,商品价值问题。马克思从商品分析入手,讨论了商品使用价值与交换价值(和价值)的区分,明确了劳动价值理论的历史前提,揭示了价值是什么的问题,并系统阐释了价值的质的规定性和量的规定性。第二,劳动二重性学说。马克思运用唯物辩证法,创造性地提出了劳动具有具体劳动和抽象劳动二重性。异质的具体劳动生产出不同的商品使用价值,同质的由人类体力和脑力付出的抽象劳动形成商品的价值。复杂劳动是简单劳动的倍加。价值不是由个别劳动时间决定的,而是由社会必要劳动时间决定的。第三,价值形式理论。马克思系统地阐述了简单价值形式、扩大价值形式、一般价值形式和货币形式，揭示了货币的起源和本质。在此基础上，揭示了价值规律，即由货币表现的价格随着供求关系的变化围绕价值上下波动。第四，商品拜物教。在商品生产和商品交换的社会，当人和人的关系通过物（商品）和物（商品）的关系来表示，人们之间的社会生产关系也被扭曲地表现为物和物的关系，即商品拜物教。通过四个方面层层深入地剖析，马克思为劳动价值理论提供了科学论证，“劳动是价值的唯一源泉”的科学结论也为剩余价值理论奠定了深厚的理论根基，成为《资本论》中重要的基础性理论，支撑起整个资本主义社会价值生产体系。

2.剩余价值理论

马克思发现剩余价值是在19世纪40年代，当时马克思就有论述：“工人拿自己的劳动力换到生活资料，而资本家拿他的生活资料换到劳动，即工人的生产活动，亦即创造力量。工人通过这种创造力量不仅能补偿工人所消费的东西，并且还使积累起来的劳动具有比以前更大的价值。”[①]发现剩余价值并不意味着剩余价值理论的形成。实际上，经过十几年的继续发现、探索和研究，马克思才最终在《1857—1858年经济学手稿》中首次提出了劳动力商品概念，并以此为线索论述了剩余价值生产过程，形成广为人知的剩余价值理论。马克思通过对商品流通过程“*W*（商品）—*G*（货币）—*W*（商品）”与资本流通过程“*G*（货币）—*W*（商品）—*G*（货币）”作比较，得出结论：前者循环的最终目的是消费，是满足需要；后者循环的最终目的是交换价值本身。两者的内容不是质的区别，而是量的不同。马克思将这个过程的完整形式“*G*—*W*— *G′*”转化为“ $G'=G+\triangle G$ ”，表示原预付货币额多了一个增殖额，即为剩余价值。马克思进一步论述，“ *G*— *W*— *G′*”之所以能实现，其秘密在于劳动力商品的出现。伴随劳动力商品化，劳动力使用价值——“劳动”的概念开始同“劳动力”相区别，也由此解决了李嘉图经济学中关于“新酒比陈酒价值高”的悖论。基于这个重要发现，马克思指出，不是劳动力创造价值，而是劳动力的

① 马克思恩格斯文集（第一卷）[M].北京：人民出版社，2009：726.

使用价值——劳动创造着价值;劳动不仅产生劳动力的价格,也产生价值增殖——剩余价值。对劳动力商品理论的全面阐述使得剩余价值理论日益清晰:工人出卖的是劳动力而非劳动,因此工人获得的也只是劳动力的价值(即工资表示的劳动力价格),这一价值是工人这一特殊商品得以生存的基本价值形式,目的也只是使劳动力商品在市场继续供给以保障资本主义正常生产。资本家使用的是劳动而非劳动力,因此,资本家总是竭尽全力地延长工人的劳动时间以获得更多的绝对剩余价值;不断地致力于分工、协作、生产技术的应用、机器大生产等,以获得更多的相对剩余价值,甚至超额剩余价值。剩余价值是资本家眼中的"利润",以此遮蔽了剩余价值的本质。建立在科学的劳动价值理论基础上的剩余价值理论,第一次撕破了利润的遮羞布,把利润的本来面貌还原为剩余价值。

3.社会资本再生产理论

社会资本的再生产和流通过程,是《资本论》第三卷的主要内容。社会资本的再生产,不仅是社会资本在价值形态上不断补偿已经消耗掉的资本价值的过程,也是它在实物形态上不断替换那些已经在生产和生活中消耗掉的物质资料的过程。因此,在社会资本再生产理论中,马克思重点考察了价值补偿和实物替换问题,也就是社会总产品的实现问题。实现问题是再生产能否顺利进行的核心要害问题,其关键在于实现条件。根据马克思对资本主义社会两部类生产的描述以及简单再生产的实现条件Ⅰ$(v+m)=$Ⅱc,扩大再生产实现条件转变为Ⅰ$(v+m)>$Ⅱc。同时,第二部类当中代表不变资本和供积累用的那部分剩余价值之和必须大于第一部类的可变资本与供资本家个人消费用的剩余价值之和。在此,马克思研究的目的并非讨论经济问题,而是转入一个更为深刻的问题,即资本主义社会的固有矛盾。虽然经济运行的条件可以实现,但是伴随资本主义社会再生产不断扩大,与资本主义生产关系相适应的分配关系决定的广大人民群众有支付能力的购买力必将相对越来越小,资本主义经济危机也就变得不可避免。这是资本主义经济运行过程中的客观规律,是资本主义的基本矛盾,也是资本主义经济危机的根源。作为资本主义经济运行的孪生物——经济危机,《资本论》中虽然并无专章论述,但是也不是马克思在社会资本再生产阶段才提起的。在第一卷第三章分析货币流通时,就已经讲到了危机的可能性。第一卷第七篇讲到了危机中工人失业和贫困的急剧增长,第二卷第九章讲到了危机的物质基础,第二卷第三篇讲到再生产比例关系的破坏会导致危机。在这里,马克思进一步揭露了经济危机的根源。

事实上,社会资本再生产理论体现了马克思以历史唯物主义的立场对资本主义生产方式全面的考察,充分展现了《资本论》研究的真正目的和主题,至少应包含两个方面的内涵:第一,对资本主义生产方式扩大发展的客观结论的论述;第二,对资本主义社会历史发展趋势的揭示。马克思把资本积累归结为剩余价值资本化,认为对剩余价值无限度的追求必然带来资本的不断积累,同时,资本积累的效率和数量也会与剩余价值的转化率与转化量成比例增长。然而,这只是在资本主义生产方式范围内的考察,“所谓原始积累只不过是生产者和生产资料分离的历史过程……对农业生产者即农民的土地的剥夺,形成全部过程的基础”①。可见,马克思对资本的论述从未局限在资本主义社会范畴内,这也是马克思真正的唯物主义立场。从历史的角度,社会资本再生产既不是仅存于资本主义阶段的孤立过程,也非永存于资本主义生产方式的绝对过程;相反,社会资本再生产向前可追溯到资本的原始积累,向后也可从再生产过程不可避免的经济危机预测到最终破裂的结果。社会资本再生产的本质是一种随着资本积累不可遏止的历史发展进程,是生产力和生产关系互动作用的结果,是人类社会发展的一个阶段,有其客观性。可见,马克思对社会资本再生产的分析具有深刻的社会历史发展的内涵,其核心是资本主义基本矛盾——资本日益集中带来的生产资料资本主义私有制与生产社会化之间的矛盾。马克思将这个矛盾形容为一种桎梏与反桎梏的炸裂,最终,资本主义“这个外壳就要炸毁了。资本主义

① 马克思恩格斯选集(第二卷)[M].北京:人民出版社,2012:291.

私有制的丧钟就要响了。剥夺者就要被剥夺了"[①]。

四、资本研究的本质

马克思在《资本论》第一卷序言中明确指出:"我要在本书研究的是资本主义生产方式以及和它相适应的生产关系和交换关系。"[②]因此,理解《资本论》的研究对象之前需要对以生产方式为核心的主要概念进行厘清与释义。如果从劳动的角度去理解生产方式,生产方式将涉及生产者、生产对象、生产工具、生产资料等。马克思在《资本论》中对以上四个方面都作了大量的描述,对工人、商品、机器、工场、科学技术、工场手工业、机器大生产等要素都进行了详细的分析。如果从生产过程的角度去理解生产方式,那又是另一幅图景,必将包含生产要素的生产、分配、交换和消费四大商品运动过程。实际上,马克思的研究重点——资本就是一种生产要素。马克思通过对资本的产生过程进行分析,详细论述了生产、分配、交换和消费四大过程,也从资本积累、资本流通、资本的价值转换等角度论述了资本主义社会总生产的过程。依照唯物辩证法,马克思对生产方式的研究包含生产环节的考察,当然也必须联系生产力的发展情况。基于这样的思想,可以将马克思关于《资本论》研究对象的表述理解为:作为资本主义经济形成的生产力基础的生产组织或劳动方式,以及和它相适应的资本主义生产关系和交换关系。这正是马克思研究的生产方式之所指。

马克思是一名无产阶级理论家与实践家,他早年在《莱茵报》做编辑时就表现出对以工人阶级为代表的穷苦大众的关注。事实上,马克思在《资本论》中对生产力状况的研究、对剩余价值的研究、对资本主义生产方式的研究,都是为了说明那个他所生存的市民社会的不公平与不公正,从而找出问题的症结,为无产阶级革命找寻发展的方向。甚至说,马克思整个历史唯物主义都在为工人阶级的斗争提供批判的武器,试图从历史发展的客观规律

① 马克思恩格斯文集(第五卷)[M].北京:人民出版社,2009:874.

② 马克思恩格斯文集(第五卷)[M].北京:人民出版社,2009:8.

预测这场斗争的结果，为穷苦大众所面临的生存危机寻找解决之道。我们应立足于马克思的历史唯物主义和剩余价值学说，去理解马克思要研究的生产方式，既不是从技术和工艺、生产流程层面来研究的生产力，也不是从资本主义经济学层面对经济问题的僵化解释。马克思《资本论》对经济学、生产力研究的着眼点在于劳动组织的演化和变革，通过从看得见的劳动、生产等微观现象入手，引导一场促进人的自由全面发展的社会生产关系变革。

五、《资本论》的研究视域

1.《资本论》研究的三大视角及其内在联系

以时间为线索的资本“生产—流通—社会化”视角。资本“生产—流通—社会化”的视角以时间为线索，从生产、流通、社会化三个阶段层层递进，剖析了资本日渐强化的过程，揭示了资本运动变化的基本规律。这一视角是马克思《资本论》研究中的基本视角，视线交叉的起点在资本，视野范围则是资本的运动过程。首先，资本以商品贸易的繁荣为前提，通过不断将工人劳动创造的价值从商品形态转化为资本形态实现财富的聚集，即资本的生产。单个资本的生产仍然是一种经济领域的问题，其视野范围较小，对社会发展产生的影响也较小。然而，资本一旦形成，由其本质决定的自我增殖的特质将促使资本不断地走向积累，再以积累的资本投入简单再生产、扩大再生产，资本规模越来越大，资本开始在部门之间、行业之间、产业之间流动。进入流通领域的资本显然具有更大的社会影响力，甚至产生了一种资本权力，资本影响的范围也越来越大。当资本的流通遍布全社会，私人资本成为社会生产组织方式的基础，生产资料私有化成为全社会的基础，资本主义制度的经济基础形成，资本运动最终实现社会化。无疑，资本社会化将带来资本权力的社会化，围绕资本权力的上层建筑逐渐确立，成为统治全社会的力量，资本也实现了从经济领域到人类社会发展领域的控制，资本“生产—流通—社会化”视角展现其完整的视野。马克思以人类历史发展中生产力与生产关系、经济基础和上层建筑的互动规律为依据，预测了资本主义的未来，即资本主义的前途命运。这一系列审视和洞见以资本为起点，通过资本权力扩张，不断扩大视野，最终呈现资本主义社会及其制度的产生和发展乃至终结的全过程。资本“生产—流通—社会化”视角是马克思《资本论》最根本、最广阔的视角，此后论述的两个视角可看作这个基本视角的补充。

以空间为线索的剩余价值“生产—交换—分配”视角。剩余价值“生产—交换—分配”视角以空间为线索，分别在生产、交换、分配三个领域实现转移，呈现了剩余价值生产、实现、转化三大递进式的过程，揭示了剩余价值运动变化的基本规律。剩余价值是资本产生的基础，或者说，剩余价值是资本的物质基础。没有剩余价值的生产就没有资本及其积累，也不会有资本主义生产关系，剩余价值“生产—交换—分配”的视角可以说是资本视角的“前传”，是人们在观察资本何以产生的过程中形成的系统视角。透过这个视角，马克思揭开资本从货币羽化为剩余价值的全过程，也呈现了具体的商品形态到抽象的资本形态的转化过程。商品是这一视角的支点，一方面是人们熟悉的商品生产、商品交换等构成的繁华的商品贸易，围绕商品展开日常生活、以商品生产谋生的普通人；另一方面是以资本家立场展开的生产要素的投入、商品生产和交换等价值增殖过程、剩余价值的占有以及剩余价值转化为再生产资本。靠近夹角之处，是新近产生的价值增殖(即新产生的剩余价值)。随着剩余价值的积累(资本的积累)，资本规模越来越大，这一视角也逐渐展开。资本在商品形态、生产过程与货币形态之间熟练循环，从简单商品生产扩大到复杂商品生产，从手工业作坊走向机器大生产，从一个部门扩张到更多的部门，资本以一种成熟的姿态步入资本主义世界舞台的中央，指挥着社会工业部门的生产、交换、分配与消费活动，以资本为核心的生产方式形成。当资本主义生产方式在工业领域日渐成熟，工业资本便开始向金融行业、数字领域扩张，以平均利润的形式实现剩余价值在社会各部门的运动，工业资本、金融资本、数字资本以各自的运动规律在各自的领域运动。剩余价值“生产—交换—分配”视角更加宽阔，以剩余价值为核心，把整个资本主义生产活动、生产力量、生产要素等以“成本—利润”表现出来的现代企业经营方式聚集起来，实现剩余价值在全社会资本中的平均分配，这一视角也将资本主义生产的所有秘密铺陈开来。

以辩证逻辑思维为线索的资本主义“产生—发展—灭亡”社会发展视角。资本主义“产生—发展—灭亡”社会发展视角以辩证的逻辑思维为线索，分别阐述了资本主义产生、发展、灭亡的过程，也是层层递进呈现资本主义社会发展变化的过程，揭示了资本主义社会运动变化的基本规律。资本主义生产关系是马克思《资本论》研究的主题，在剩余价值、资本等核心概念阐释清楚以后，马克思呈现了资本主义“生产—发展—灭亡”的社会发展视角，这既是前面论述的目的，是马克思整个《资本论》研究的目的，也是整个马克思主义学说的目的——让人挣脱生产关系的束缚实现自由全面发展。资本主义生产关系是这一视角的夹角核心，视角的底端是资本主义生产力和生产关系的矛盾运动，现实表现为资本主义生产资料私有制与社会化生产之间的矛盾，定期以资本主义经济危机的形式爆发出来，也通过经济危机得以缓和；视角的上端是以生产资料资本私人所有决定的资本主义社会制度的矛盾冲突，现实表现为资本家对工人的剥削以及工人的反抗，定期以工人运动的形式突显出来，或者是罢工，或者是暴力革命，或者是资本家自我调节的改革措施。随着资本主义视角展开，意味着越来越多的国家、人民、资源受到资本主义制度的影响，也意味着资本主义在人类历史发展中存在意义的增强，当然也意味着资本主义社会中两个矛盾运动越来越突出，直至资本主义的外壳被激烈的矛盾冲突炸毁，资本主义生产方式以“自我否定”的形式实现自我瓦解。资本主义“生产—发展—灭亡”的视角是资本视角的“后记”，是资本主义结局、前途、命运的预判，是人类实现自由全面发展的历史起点，是全部马克思主义学说最终的指向，是马克思主义者斗争的目标。

三大视角共同构建了《资本论》研究的框架，然而，这三大视角之间也存在差异，既反映了研究的不同阶段、不同主题、不同的资本价值与功能，也反映了马克思在不同研究中不同的研究方法。商品“生产—流通—社会化”这一视角是从大众最熟悉的普通的具体的事物入手，同时从人们最熟悉的物的有用性——使用价值谈起，再转移到熟悉的商品流通、商品的买卖与占有，然而研究的重点是本质，是透过使用价值的价值、商品生产流通背后的商品社会化过程，以及商品拜物教本质。在对真理的探讨中，马克思既有对普通熟悉事物的例证，又有对理性思维、理性认知的引入，为《资本论》的进一步学理分析做了很好的铺垫。剩余价值“生产－交换－分配”的视角则是马克思《资本论》的核心观点，马克思冷静、客观地批判并解释了剩余价值，引导大众看到熟悉的商品生产背后不熟悉的剥削，使资本主义社会运行的基本规律呈现在大众面前，也使真理具有说服人的基础。最后，在前两个视角的引申之中，马克思回归了《资本论》的基本任务：剖析生产背后的生产关系，为人类社会发展作出科学的预测，也为更加公平公正的社会提供理论基础，为人类社会发展指明方向。由此可见，三大视角相互作用、逻辑关联、历史承续，三大视角内部则是各司其职、各尽其能。三大视角共同作用，拓展了《资本论》研究的宽度、广度和深度，并相互辅助与作用，生成了《资本论》独特的研究视域，为我们观察、分析流量资本问题提供了重要的理论基础。

2. 马克思《资本论》研究视域的哲学内涵和外延

马克思《资本论》三大视角及其相互作用形成一种综合审视资本问题的辩证方法。与普通方法不同，这一视域不仅为研究者提供基本观点，而且通过视角之间的交错交织、张力互动形成独特的思路和眼光。托马斯·皮凯蒂在《21世纪资本论》中将马克思的经济学理论总结为“无限积累原则”并认为马克思对社会发展作出了未实现的悲观预测，他甚至批评：“大部分先进的欧洲国家已经开始寻找其他利于社会民主的途径……马克思完全忽视持久技术进步的可能性以及稳定增长的生产率，这些在一定程度上可以作为平衡私人资本积聚进程的重要因素。”[①]然而，这种批评并未影响皮凯蒂借助马克思的研究视域进行当代资本主义发展的反思，他在《21世纪资本论》中研

---

① 托马斯·皮凯蒂.21世纪资本论[M].巴曙松，陈剑，等译.北京：中信出版社，2014:10.

究的主题仍然围绕资本主义社会历史发展问题展开，正如他所洞见的，马克思对无限积累原则深邃的洞察力、对财富无限积累后带来的社会的不稳定性预测仍然值得借鉴，他认为马克思的研究为现代经济学家提供了启示和榜样示范的作用。事实上，他也继续沿用了马克思的分析视域，搜寻更加完整的历史资料、挖掘各种可利用的资源，详细阐述了21世纪资本主义社会发展以后的分配不均和社会不平等问题。可见，马克思《资本论》视域并不仅仅是对马克思在《资本论》中论述的主要观点的应用，而是一种集研究主题、研究立场、研究内容、研究方法等形成的政治经济学综合研究范式。

物理层面的视域，既与个人能力相关，也与人所处环境相关。当个人能力越强，尤其是与视力相关的能力越强，视域越宽广；当人所处环境越空旷，遮挡物越少，视域越宽广。我们所讲的视域当然不是这种物理层面的视域，现象学及解释学哲学家胡塞尔、海德格尔、狄尔泰等多次在其著作中用到"视域"这个词，视域也被越来越多地赋予哲学的内涵和意义，这也是本研究中所要论及的视域。视域的哲学内涵主要是从认识论角度，指由人的视域的有限性与被认知事物的感知性两种特性共同形成的一种张力。首先，人的视域不止具有物理意义的有限性，也包含精神上的有限性，或者说精神文化层面的具体性，与个人的认知、经验、感知、想象力、判断力、知识领悟力等相关。解释学的学者们认为，视域在更本质的层面上，是由个人的精神文化特质所构建出来的一种视野。另一方面，被认知事物的感知性说明的是该事物被感知的程度。如果该事物是我们已经清楚认知的事物，对其有从感性到理性的系统判断，那么涉及这个事物的视域就更加独特、丰富与具体；反之，涉及这个事物的视域则匮乏、模糊。当一个人的认知与具体事物实体相结合，必将产生一个具体的视域。马克思《资本论》视域就是人们在充分认知《资本论》的基础上形成的、对以资本为核心的一系列概念及其相互关系广泛的理解和构建。由于笔者对《资本论》已经有了深入的阅读、理解和领悟，已经在此基础上掌握了《资本论》的主要观点，因此，这一视域在主观认知上已经达到了较为宽广的状态，能够帮助本研究从这些观点所形成的规律中探究新问题。资本,通过马克思的阐释以及历史的不断例证,已经不再是一个未被认知的实体;相反,在马克思的商品"生产—流通—社会化"视角、剩余价值"生产—交换—分配"视角、资本主义"产生—发展—灭亡"视角的张力之下,资本始终处于被认知的核心,向上联结了感性的商品世界,向下构成了资本主义制度的物质基础。资本从14世纪、15世纪资本主义的萌芽开始就一直在发展,从工业资本到金融资本,从数字资本到流量资本,不断地跟随历史进程嬗变,呈现了充足的被感知实体,也促进了马克思《资本论》视域的应用。本研究在探讨《资本论》视域时也主要尊崇这一观点,展现马克思《资本论》哲学意义上的视角、观点、立场、感受、本质、判断、解释等一系列范畴。

马克思《资本论》视域的外延指在采用《资本论》主要研究主题的背景下,立足于基本观点和基本方法而建立起来的判断或解读新问题的界限,主要有历史界限构成的商品、资本、生产关系等研究线索。历史界限主要是基于历史唯物主义立场,从人类历史的发展过程中去考察资本变化、发展、寄宿的全过程,采用辩证、批判与实证研究方法形成的不同视域。辩证的视域是观察历史之全过程、事物发展之全貌。社会对资本存在一种实际隶属关系,劳动则不只从形式上,更是从现实角度隶属于资本,这些隶属关系产生的基本后果是资本的权力范围扩大了,资本主义的专制范围扩大了,从劳动工厂扩张到了全社会,资本形成了辩证视域的被感知实体。结合本研究对流量资本具体运动的把握,本研究将运用《资本论》辩证视域考察流量资本产生、扩张到上升为流量资本主义的全过程。批判的视域帮助本研究运用"资本—生产关系"的辩证运动理解流量资本控制下的劳资关系,阐述网民作为受压迫的流量工人阶级的境遇,从反抗和革命的角度组织流量资本的"政治构成"。在《资本论》第二卷,马克思通过阐释商品流通使使用价值社会化、价值交换使劳动剥削社会化,最终批判了资本主义生产方式的社会化,预见了未来只有"共同性"才能解决此问题。中国特色社会主义道路成功地去除了工人被榨取和被剥削的根源,重视网络基础设施建设和网民福利，为流量资本治理提供了实证案例，因此在实证的视域中需要更多地结合中国的实际情况，使最终的研究能够服务于现实社会，即中国特色社会主义伟大建设。

六、马克思《资本论》研究视域在流量资本研究中的应用

本研究将马克思《资本论》视域置于中国特色社会主义政治经济学范畴进行具体的应用，以实证主义的立场指导中国特色社会主义伟大实践，这也将丰富马克思《资本论》的研究视域。马克思始终秉持实证研究的立场，致力于解决现实世界的难题。通过对流量资本的审视，流量资本出现后必将给我国网络生态带来挑战与影响。本研究以马克思《资本论》视域，试图对此挑战与影响进行回应，为流量资本健康有序发展提供策略和建议，以推动我国网络治理能力和治理体系建设，以国家安全观为指导建设中国特色社会主义网络家园。马克思《资本论》的研究视域在此过程中不断发展和丰富，兼具中国特色社会主义政治经济学之内涵，外延也将随之扩大。

人们总是通过一定的视域看待世间万物，因此视域之内既有其具体的视野范围，也有其洞见的具体内容。事物不停地位移、转换角度、改变内容，视域也会随之收缩或扩张。一定程度上，人们的视域不同，看到的内容或者内容的面貌也会不同。如同一朵花，由上往下看和由下往上看将看到不同的内容，前者看到的是由花蕊、露珠、鲜艳的花瓣等构成的鲜活生命力，后者看到的可能是枯萎的花瓣、萎缩的茎叶等带来的生命衰退意象。甚至，视域的稳定性也会给认知带来很多影响，如电影中晃动的镜头往往代表一种紧张与危险。作为哲学概念的视域，其内涵丰富、外延广阔。在马克思《资本论》视域下，学者们可以借此对现实问题产生感知、想象、感受、直观、本质直观、判断等意识行为，也可以针对现实实施提出问题、分析问题、经验总结、理论反思等实践探索，应用更加广泛，适应场景也更加丰富。事实上，但凡产生经济危机，人们总是习惯从马克思《资本论》视域去找寻应对方案。既因为马克思主义关于资本的批判理论和对资本主义的预测与研究随着世界经济的不断发展而得到印证，也因为在当前世界经济全球化的背景下，通信

技术、信息技术、传播技术等革命性的技术突破产生的新问题、新现象、新变化更为复杂,需要借助马克思《资本论》宽广且深邃的研究视域才能完成全面、系统、完整的考察。本研究也亟须应用《资本论》集经济学、政治学、社会学、历史学于一体的实证科学与思维科学的研究范式去认清流量资本在技术概念、生产要素与生产关系之间达成的对立统一,以《资本论》研究视域去探究隐藏于微信、微博、Facebook、推特、谷歌、苹果手机、音乐播放器、在线新闻、网上银行、门户网站等流量载体之下的资本本质,并清晰探明流量资本在产业之间扩张和侵蚀的具体路径,以此解释并指导数字资本主义、平台资本主义、流量资本主义等社会发展问题。

本研究以马克思《资本论》的研究视域进行研究。一方面,着力于从资本"生产—流通—社会化"的视角、剩余价值"生产—交换—分配"的视角、资本主义"产生—发展—灭亡"的视角透视流量资本的运行过程。互联网流量是流量经济中的商品,是流量资本的起点,是流量经济发展中生产社会化与生产资料私有制矛盾运动的焦点。然而,矛盾的本质在于流量资本化以后所承载的巨大的剩余价值生产,是资本主义生产关系在互联网流量时代的集中表现,必然推动资本主义不良、无序生产关系的无限扩张。因此,流量资本也成为资本主义生产关系走向灭亡的重要阶段,甚至推手。另一方面,通过对马克思《资本论》视域与西方经济学视域、政治社会学视域、信息技术学视域的比较分析,从社会历史发展的规律去探寻资本形式的变化发展过程,并以政治经济学的路径方法引导流量资本健康有序发展,最终引导人类社会朝着更加科学、公正、和谐的方向发展。

第二节 国内外相关理论研究述评

2018年,马克思诞辰200周年,世界掀起了对《资本论》新时代研究的高潮。在莫斯科召开了"马克思的资本论及其对世界发展的影响"国际研讨会,在伦敦马克思纪念图书馆召开了纪念马克思诞辰 200 周年的学术研讨会,在日本法政大学召开了"马克思在 21 世纪"国际研讨会。2017年,中国

《资本论》研究会主办、中国人民大学经济学院承办，召开了纪念《资本论》第一卷出版 150 周年研讨会。2018年召开了“中国《资本论》研究会第20次学术研讨会——纪念马克思诞辰200周年暨中国改革开放四十周年”等相关会议。以上情况表明，马克思《资本论》仍然受到学界关注。

一、关于《资本论》的国内外研究状况述评

1.对《资本论》时代价值的研究

马克思的《资本论》作为历史唯物主义指导下的政治经济学鸿篇巨作，其时代价值仍然熠熠生辉。意大利著名学者安东尼奥·奈格里发表了《从马克思重新开始》一文，认为在今天向马克思学习并与马克思进行对话仍然十分重要。法国调节学派的代表人物罗伯特·博耶肯定了《资本论》在经济学中的重要地位，并认为《资本论》可以作为构建替代西方传统经济学的新经济学重要的出发点。约翰·贝拉米·福斯特认为马克思的理论作为一种开放式科学研究形式的内在逻辑，使马克思资本理论依然充满生命力。施密特则研究了当前如何运用《资本论》的理论观点组织当代工人等问题，并通过《将马克思的〈资本论〉作为一种组织工具》一书作了详细论述。在国内，王伟光认为当前理论界面临的一项重要任务就是运用《资本论》中马克思主义的立场、观点和方法，提出规避和防范经济危机的有效措施。李慎明指出，资本主义发展的最高阶段可能是一个较长或相当长的历史时期。汝信指出，我们有重新学习《资本论》的必要，重读《资本论》可以获得新的认识。郑科扬指出，针对美国发生的金融危机，需要从不同角度来观察，必须找到其深层次的根源。国内外学者对于《资本论》时代价值的思考，不仅强调了《资本论》的持久生命力以及不断加强研究的必要性，也启发我们从全新的角度，如政治的角度或跨学科视角阅读《资本论》。

2.对《资本论》研究方法和思维逻辑的研究

在国外，弗雷德·莫斯利出版了《货币与总体：对马克思〈资本论〉逻辑的一个宏观——货币解读及“转形”问题的终结》一书，认为《资本论》研究方法

是“宏观——货币”。围绕此书及其论及的《资本论》研究方法，西方学界对《资本论》研究方法、逻辑结构、资本转形等问题开启了近乎全新的解读，并延展到对历史唯物主义研究方法的讨论，产生了对历史唯物主义再认识的趋势。阿尔都塞捋清了《资本论》的叙述顺序，认为《资本论》存在“从价值到资本和资本主义生产方式”为线索的叙述顺序。大卫·莱伯曼提出“理论上的时间/一致结构解释”理解《资本论》的方法。霍华德和金从资本主义各种矛盾出发，详细说明了资本主义最终灭亡的历史发展进程。马塞罗·默斯托从文本研究说明了《资本论》的创作过程和文本结构。在国内，王亚南是较早全面关注《资本论》的学者，他概括了《资本论》的研究方法，尤其强调了《资本论》研究方法与资产阶级经济学方法之间的不同，突出了《资本论》的基本方法是唯物主义的辩证方法。袁清明认为《资本论》是从社会生产方式及与其相适应的生产关系范畴来研究社会经济运动的方法论，是一切人类社会发展过程的科学的认识论和方法论。国内外的讨论，从具体方法到宏观把握，从研究逻辑到叙事顺序，从价值形式的辩证法到黑格尔式方法、批判方法等，给本研究以深深的启示。

3.对《资本论》发展态势的研究

围绕资本主义新发展，国内外继承了马克思的批判精神，形成了对马克思主义的新探索、对资本主义的新认识、对社会主义的新思考。现代法国辩证法之父列斐伏尔在《现代性与空间生产》中分析了资本主义的空间特征与功能。美国学者哈维提出资本主义异化问题、空间和资本流通理论、都市理论等。许多马克思主义者对《资本论》中的劳动价值论进行了新的发展。有的学者认为劳动价值论仅适用于工资劳动的形式，对其他形式并不适用，资本主义不只从工资劳动那里榨取剩余产品，21 世纪的一个突出特点是资本日益寻求榨取剩余方法的突破。如娃·斯威德勒认为，应当发展一个将资本主义中具有共同剥削基础的各种榨取关系囊括在内的理论。国外学者与左翼思潮的合流、后现代思路的主导、跨学科融合的逻辑、多元包容的取向等，呈现出国外马克思主义思潮的新特点。这些新观点、新特征都与金融危机有密切的理论与现实渊源。

4.对《资本论》当代应用的研究

在国外,20世纪的马克思主义学者们以劳动价值论的基本观点拓展了《资本论》的时代价值。有些学者以劳动创造价值的观点重新审视了原始劳动、奴隶性质的劳动、家务劳动等劳动形式在历史发展中的作用,肯定了无偿劳动对资本主义生产方式产生的积极作用,并认为正是这些劳动创造了资本家的原始资本。斯威德勒用这一观点考察了新自由主义背景下的全球化时代,认为现代社会仍然保存着家务劳动、原始劳动、奴隶性质的劳动等,并且这些劳动形式随着新的时代进一步扩张,其价值创造也一如既往地被忽略。进入数字时代,富克斯分析了数字资本主义领域中的阶级关系、父权制、奴隶制和种族主义以及其数字化存在形式。丹尼尔·宾试图从当代资本的某些元素中去解释和区分马克思《资本论》中的一些概念和现象,提出新自由主义的金融化导致原始积累的复兴。在国内,主要是对当代资本主义研究的批判、评价和反思,一方面坚定马克思历史唯物主义的立场、观点和方法,另一方面为中国特色社会主义建设提供借鉴。如张一兵的《无产品的劳动:后福特资本主义的文化工业——维尔诺的<诸众的语法>解读》、付高生的《当代中国空间生产治理研究》等,邱卫东对新中国 70 年来探索驾驭资本发展的历程、经验及启示进行了总结。

总的来说,学界对《资本论》的研究从未停息,特别是伴随着历史、时代、社会的发展,《资本论》的时代价值、理论内涵以及思维方法更加彰显其巨大的理论价值和实践意义,指导人们进行新的探索,而正是这些新的探索为本研究在理论上和方法上奠定了坚实的基础。随着我国改革开放的推进,中国特色社会主义政治经济学的发展与创新也日渐成为马克思主义理论工作者的历史使命,而《资本论》在其100多年的发展过程中积累的成果将为中国特色社会主义政治经济学的发展积累重要的理论依据。在新的科技革命中,新技术产生的新事物、新变化、新问题层出不穷,国内外关于数字资本、流量资本的讨论日趋升温,从具体方法到宏观把握,从研究逻辑到叙述顺序，从技术形态到价值形式等，给本研究以深深的启示。

二、关于数字资本的国内外研究状况述评

进入数字化时代之后，资本主义形态也随之发生了一系列新的变化，迫使国内外马克思主义学者和思想家重新思考数字时代资本主义的各种样态，数字资本的研究成为主流。国内外对数字资本的研究主要从数字资本生产主体、数字资本生产过程以及数字资本扩张和影响的角度进行分析和考察。

1.围绕数字资本生产主体的研究

对数字资本主体的考察，主要集中在对主体劳动的考察。20世纪末，互联网诞生，为大众呈现出与现实世界并列的虚拟世界，网络用户成为这个虚拟世界的“公民”。尼葛洛庞帝、卡斯特尔、丹·席勒开始关注这些网络用户，并围绕其借助信息通信技术开展的相关的行为和劳动进行研究，这可以称为数字劳动研究的开始。此后，对互联网中劳动的讨论更加丰富，有学者试图从技术层面界定这种劳动，根据劳动中对不同因素的侧重将这种劳动概括为智力劳动、科技劳动、知识劳动、情感劳动和交往劳动等，但影响深远的是从异化的角度对数字劳动特点和属性的分析。如迈克尔·哈特和安东尼奥·奈格里将“非物质劳动”的概念引入数字劳动研究中，试图分析数字经济时代劳动实践的发展变化，以重新建构大众政治主体。蒂齐亚纳·泰拉诺瓦用免费劳动定义数字劳动，认为“免费劳动即文化的知识性消费转变为生产性活动，这种活动在被愉快地接受的过程中往往遭受着无耻的剥削”。克里斯蒂安·福克斯在其著作《数字劳动与卡尔·马克思》中提出并分析了各种形式的数字劳动，将其概括为“一切涉及生产和使用数字媒介技术和内容的活动”。随着数字劳动概念理论的成熟，对数字资本生产主体的研究也进一步扩大。菲利普·斯塔布认为，在数字技术运用上的日趋成熟使得数字垄断企业加强了对劳动的控制并据此建立人类劳动剥削的新模式。国内学者蓝江从马克思《1844年经济学哲学手稿》出发，将马克思的产业资本主义时代和

今天西方数字资本主义时代做对比，分析了当代数字资本主义对用户进一步的抽象化。

2. 围绕数字资本生产过程的研究

关于数字资本生产过程的讨论也是国内外学者关注的焦点，学者们从生产资料、生产工具到生产方式以及剩余价值生产等角度进行了深入研究。从生产资料的角度，泰拉诺瓦认为当劳动从工厂内延伸到工厂外，互联网平台和资本结合实现资本剥削和全球霸权。互联网平台公司将网民创造的数据废料通过技术整合，拼凑成“信息地图”；资本控制技术，技术整合资源，废料数据成为数字资本家追逐全球网民剩余价值的“新鲜血液”；在算法技术等应用下，这一“新鲜血液”的效用发挥到了极致。从生产工具的角度，国内学者马艳将数字资本赖以生存的互联网与马克思的土地及地租相比较，认为互联网可被看作是一块虚拟的土地，其定价既依附于互联网虚拟空间获得的收益，也依附于实体经济载体的劳动获得。从生产方式的角度，列斐伏尔的空间生产理论开创了数字资本研究的一种新范式。根据列斐伏尔的思路，数字空间生产内嵌于数字资本生产，资本从起初掌握剩余数据，到此后利用技术分析数据，本质上都是剥夺剩余劳动。资本的数字生产和网民的数字消费之间由于技术鸿沟、资源鸿沟造成的不平衡性最终促进了数字资本在数字时空中的无限扩张。大卫·哈维秉承马克思的资本逻辑批判，认为当代资本主义的实质就是资本逻辑的空间化。克里斯蒂安·福克斯认为数字劳动的虚拟性造成了数字生产场域的虚拟性，进一步消解了生产与消费之间的时空界限。最后，数字资本打破了所有的时空观念，资本对数字劳动的剥削以娱乐的外衣实现了完美的隐蔽。因此，充分榨取最大化的以注意力为主要内容的数字劳动剩余价值，成为数字资本生产的主要方式。泰拉诺瓦也认为互联网的虚拟性使得对劳动者的压迫和剥削变得隐形。国内学者余斌则从政治经济学出发，以概念批判与阐释的方式论述了数字资本的运动方式，认为数字资本的剥削并非来自雇佣劳动的剥削，数字土地化比数字资本化更符合政治经济学的原理。

3. 围绕数字资本扩张和影响的研究

当数字资本作为一种新的资本样态成为事实，数字资本不断积累、循环、扩张所造成的影响也备受关注。其中，交往资本主义、平台资本主义、加速主义、数字异化理论以及互联网正义等成为典型代表。斯尔尼塞克从科学技术对生产力和生产工具影响的角度阐述了数字资本扩张的影响，提出以加速主义和平台主义来表现这场扩张。他乐观地认为，要实现马克思主义的未来社会构想，必须继续发展数字技术并借助技术带来的生产力的变革冲破资本主义的原有壁垒，取得社会历史的进步与发展。与之相反，另一位加速主义的代表——德国哲学家罗萨则以较为悲观的立场看待这场加速，通过将加速分为技术上的加速、社会变革的加速、日常生活节奏的加速，以“社会加速批判”揭示了技术带来的社会加速过程持续时间长、社会结构变革等问题。罗萨认为强有力的加速是极权主义的一个新的抽象形式，使人们饱受折磨。因此，罗萨将数字劳动者与数字生活状态分离所产生的数字社交隔离认为是一种数字异化。社群主义者认为，当数字经历不能吸纳进个人的数字生命，因此形成了埃伦博格所认为的“自我的耗尽”，数字异化就产生了。面对问题，国内学者张雯主张以马克思的政治经济学批判为参照，构建人工智能时代的正义原则，倡导有酬数字劳动，坚持数据共享原则，推进数字资本公有化。代金平认为日益完善的社会主义基本经济制度体系能够实现对资本逻辑的超越与扬弃。张晓兰从生产关系的角度出发，认为应透过数字资本的假象，以马克思主义政治经济学的立场批判和改造生产关系中的不平等现象。费舍则认为社交软件的出现扬弃了马克思的异化劳动，自媒体消费也成为人们消除异化的机会。

综上可见，国外对数字资本的讨论相对较早，既根植于20世纪兴起的现代性、后资本主义等西方世界迷茫性的思潮，也延续了马克思《资本论》对资本的批判与反思路径，更是对当代以数字技术、信息技术所引领的第四次科技革命的回应。根据对数字资本考察的角度不同，学界对数字资本的研究呈现出众多流派和特点，基本呈现出资本在数字化扩张中的新现象、新特点和新问题。由于信息通信技术应用的滞后，国内对数字资本的研究相对较晚，前期主要是以南京大学张一兵教授为代表的学者们所带来的国外理论述评、批判与对话。随着国内信息化浪潮的不断推进，尤其是近几年，国内学者对数字资本的研究呈现爆发趋势。既有对西方世界数字资本理论的借鉴、发扬与更加深入的探讨，也有对西方世界中众多理论所呈现出的局限性的批判，更多的则是数字资本对中国特色社会主义影响的研究，具有很强的现实意义。随着数字资本理论研究成果的日益丰富与互联网商业的不断发展，数字资本理论中出现一种新的资本样态——流量资本。虽然学界缺乏对流量资本更加科学性和规范性的学理分析，但是夹杂在数字资本中的研究成果已经不断丰富，对其进行梳理，并对这种新的资本样态进行探讨具有可能性与必要性。

三、关于流量资本的国内外研究现状

1.从数字资本主义的角度对流量资本的研究

如前所述，数字资本研究中已经呈现出对流量资本的关注。卡斯特在《网络社会的崛起》中以“无时间之时间”的概念来描述这一现实，认为网络社会中存在广泛的社会时间支配形式，如弹性时间的工作。这些时间早已不是网民自己的消费时间，本质上是满足资本增殖需要的生产劳动时间，而其生产的产品就是网民的注意力。乔蒂·狄恩从政治向度上提出交往资本主义和后政治来评价数字资本主义，认为一个政治热点的价值在于它在多大程度上传播以及传播交流的效应，因此对于交往资本主义的公司来说（如Facebook、苹果这样大的平台），它们主要的控制手段就是流量控制，而不是内容控制。法国哲学家斯蒂格勒从存在论角度对流量资本进行了哲学反思，认为当代资本主义网络信息条件下的数字化整合为商业操控提供了便利。互联网企业通过视听信息材料进行意识领域的渗透，借助信息通信技术使信号终端的数十亿人围绕某一信息产生共同的意识流，由此实现技术领域的流量对人的意识的支配和改变。列斐伏尔论述了空间生产中流动经济的存在，认为流动经济包含能量之流、原料之流、劳动力之流与资讯之流等。其中，资讯之流正是指流量经济。迈克尔·哈特和安东尼奥·奈格里注意到了数字技术带来的劳动的泛化问题，认为社会作业彻底扩展至社会的各个场所，劳动贯穿于所有场域。国内学者蓝江认为，人们看手机和刷抖音视频的行为或许可以成为数字劳动，网约车司机开车刷单的行为可以是数字劳动，甚至游戏玩家在王者荣耀中来场对战的行为也可以是数字劳动。学者们所指的正是基于数字技术的流量资本的扩张。

2.从传媒政治经济学角度对流量资本的研究

立足流量的研究成为近年来传媒政治经济学的热点。在国外，最早可以从大众文化研究中捕获到对流量的资本化理解。约翰·费斯克关注到传播对文化重塑的问题，摒弃对大众消费缺乏思考的传统认知，认识到大众在消费中的主动性和创造力，并认为粉丝群体所进行的符号生产和传播能对文化等意识形态产生深远影响。加拿大学者达拉斯·斯麦兹在《传播：西方马克思主义的盲点》一书中指出，受众的媒介消费行为实则是媒介产业资本积累的劳动过程，在数字技术与信息生产传播所主导的后工业信息社会中，私人的休闲娱乐成为马克思资本异化体系中的重要组成部分。朱利安·库克里奇在其论文《不稳定的玩工：游戏模组爱好者和数字游戏产业》中指出，游戏模组爱好者能够凭借自身对游戏的喜爱与忠诚进行创造性生产，使游戏更具吸引力和服务性，从而帮助游戏开发者节省游戏研发与创新的费用，这种生产行为与传统意义上的生产活动具有可比性，“玩家”变成“玩工”。国内学者蔡润芳分析了著名游戏《王者荣耀》，并以此游戏中玩家的游戏行为为例解释了游戏玩家的消费劳动化问题，其中提到玩家的积累以及不断注入的游戏活动使得游戏本身实现价值增殖，因此玩家的“劳动”是一种生产实践。徐冠群则认为数字资本主义将一切与信息和数字有关的行为和文化纳入资本体系，这里更多意指流量。在国内，流量经济、流量资本作为数据时代重要的经济要素被讨论，涉及的领域更加广阔，讨论的内容更加丰富。有学者从流量资本的承载内容进行剖析，有学者从流量经济效应角度进行分析，有学者对流量传播和内在机理进行探析，也有学者从流量价值、数字劳工的角度进行研究。流量资本成为资本在数据时代的重要表现形式，是马克思资本理论从抽象到具体的实现。

3.从科学社会主义的角度对流量资本的研究

实际上，迈克尔·哈特、安东尼奥·奈格里等人很早已经注意到了数字技术带来的劳动的泛化问题，虽然数字劳动泛化的观念缺少理论进入数字政治经济学分析的基点，但是"劳动无处不在"已经具有了科学社会主义所论及的内涵。当代西方左翼从资本主义剥削逻辑的重要概念——数字劳动批判入手，开展对资本主义的全景式批判，"社会工厂""数据身体""劳作傀儡""信息大屠杀""新共产主义"等新名词为流量资本的研究提供了新的视野。在《技术与时间》中，斯蒂格勒指出数字资本主义给整个社会认知能力带来了消极影响，导致社会认知能力丧失和弱化，提出了"精神的无产阶级化"。赫拉利从人的全面发展的角度批判了移动互联网大众化现象，认为计算机技术的普及将降低劳动者的能动性与主动性，降低无产阶级思维的灵活性，使无产阶级最终沦为"无用的生物"，产生"感性和情感的无产阶级化"。国内学者蓝江认为数字生产导致的结果是雇佣式生产关系逐渐解体，取而代之的是不稳定的流众化数字生产关系。这种生产关系的特点是极少数人获得了赢者通吃的收益，绝大多数用户成为流众，让自己无产阶级化。他进一步指出数字拜物教的发展趋势，即数据崇拜的转向。这将使得数据以资源的形式出现，导致新的剥削和扩大的不平等。

综上可见，对流量资本的研究以数字技术广泛应用为基础，与大数据、算法、云计算等技术应用均有很强的关联性。流量资本的外壳虽然与数字资本极为相似，甚至在牟利手段上确有重合，但是正如蓝江所言，数据拜物教又与数字拜物教有根本上的区别，流量资本的内涵已日渐独立并具体。因此，有必要对流量资本与数字资本作更加细致的区别性研究，总结流量资本的形态特征与转化、生成机制、生产逻辑、扩张规律等，这既是理论研究的发展趋势，也是对事实与问题的回应。由于流量资本出现时间较晚，国内外的相关研究还不够丰富，对流量资本的解蔽几近空白，大大阻碍了对流量资本的引导和治理。目前，学界缺乏对流量资本从政治经济学角度进行的系统考察，对资本在其扩张中所展现出来的价值传播力、对主流意识形态安全的破坏力没有足够重视，流量资本扩张给网络社会治理带来的挑战也处于遮蔽状态。这些研究的滞后不仅影响相关理论研究，也影响网络社会的有序健康发展，甚至影响到社会意识形态安全，值得我们重视。

第三节 跨学科视域下的流量资本比较分析

一、静态资本与动态资本的差异：与西方经济学视域的比较分析

马克思《资本论》属于政治经济学，是运用马克思主义哲学的思维方法、研究立场和基本观点对18世纪欧洲市民社会（即资本主义社会）的翔实分析，剖析了资本在经济运行中的规律、作用与影响，解释了资本主义社会源于经济关系的众多现象、问题的本质，从而为马克思主义哲学批判提供了现实依据，也为科学社会主义的革命斗争奠定了理论基础。作为政治经济学的巨作，《资本论》离不开经济学的理论观点和研究方法，是运用经济学的方法来研究政治问题的典型代表。因此，马克思《资本论》视域与西方经济学视域有很多重合之处，或者说有某些相同的观察视角。首先是理论来源相似。众所周知，马克思《资本论》正是在批判地继承西方古典政治经济学的基础上写作而成，其中吸收了大量经济学的科学内核，如马克思对大卫·李嘉图劳动价值论的批判性继承，对西斯蒙第资本主义内在矛盾的分析与借鉴。其次是某些观点重合。如马克思在《资本论》中不断提及的价值规律问题正是西方经济学研究中的核心命题——供需关系问题，马克思对供求影响价格的论证和西方经济学家的观点是一致的。最后是研究方法类似。马克思在《资本论》中大量运用定量和定性分析方法、由方程组成的各类经济模型、实证表述、研究假设等都是经济学典型的研究方法。可见，马克思《资本论》的视域与西方经济学的视域有一些重合和相似之处。本研究在流量

资本经济层面运行中也会借鉴这些人类共同的智慧。

尽管有如此多的相似，马克思《资本论》视域与西方经济学视域又存在根本的不同。实际上，西方经济学作为资本主义合法性的解释者和维护者，把资本的存在视作一种永恒的静态，进而陷入一种唯心主义神化资本的误区。相反，马克思《资本论》是从社会历史发展的客观规律出发，将资本视作历史发展过程中的一种客观存在，有其产生和消亡的动态必然。为了破除误区，同时指出资本主义时代围绕资本的拜物教危害，马克思不得不对当时代表欧洲资产阶级和小资产阶级利益的经济学进行批判，尤其是对重商主义、古典政治经济学、小资产阶级经济学、庸俗经济学进行深刻且彻底的批判。西方经济学作为一种实证科学，更多的是对现象的考察和讨论，致力于解决现实经济运行中的问题，其中暗含着对资本主义生产关系合理性的隐喻。马克思《资本论》的写作大多以批判的方式展开，因为马克思主义以历史唯物主义为基本立场，是站在整个人类历史发展的立场进行科学、客观的考察。正如马克思曾经以“资本主义在100年的时间内所创造的生产力，比过去一切时代所创造的生产力的总和还要多”赞美过资本主义相较于封建社会、奴隶社会的优越性，资本主义生产关系作为生产资料私有制下的一种品类也必将随之成熟而走向此前“优越性”的反面，成为一种反动的、落后的存在，对社会生产力产生桎梏，进而使得人类历史公平正义受到破坏。可见，相较于马克思《资本论》视域，西方经济学的视域缺乏某种客观性与对历史考察的长远视角，也就丧失了科学性。对比马克思《资本论》以资本主义生产关系作为研究主题，西方经济学权威专家曼昆在《经济学原理》一书中明确指出：“经济学研究社会如何管理自己的稀缺资源……经济学家研究人们如何做出决策……还研究人们如何互相影响。”[①]可见，撇去经济学固有的局限性，西方经济学更多关注于行为、决策、影响等现象问题而非本质，经济学旨在促进特定社会（资本主义社会）效率的提升而非人类社会的公平正义以及宏观的发展等问题。与其说西方经济学是短视、局限的视野，毋宁说其

① 曼昆．经济学原理[M]．梁小民，梁砾，译．北京：北京大学出版社，2015：3.

工具理性的本性。以工具理性无法解释和改变流量资本运行中的固有矛盾，因此，突破经济人肤浅的理性转而抓住经济社会背后的固有矛盾与规律，正是马克思《资本论》视域的珍贵之处。

二、资本本质与资本现象的差异：与政治社会学视域的比较分析

政治社会学似乎具有更加宽广的视野，涵盖我们所熟悉的政治学、社会学、人类学、经济学、公共管理学、法学甚至历史学，其研究侧重于把政治问题、政治现象以及解决诸类问题的政治方法等与社会联结，力图用政治的眼光看待社会历史的变化，将政治科学作为解释世界的基础。显然，政治社会学带着某种形而上学的意味，缺乏唯物主义的宽阔视野。政治社会学一般着眼于在社会环境和关系网络中分析各类因素对权力分配和权力运行及其机制的影响、政治与社会的互动等，而对社会运行中的经济问题、经济现象、经济规律等较少考虑。例如，对于中国的社会变革避免了巨大的社会动荡，政治社会学的学者们认为，主要不是依靠把握经济规律而进行的生产关系的调整，而是依靠名实分离的基层实践来回应社会变革的问题。如很多学者认为，中国特有的组织结构和文化传统有利于社会中不同的类别和身份的群体形成广泛的互赖关系并借以互换或共享资源，宏观上降低了大范围冲突的聚集联合等。由此可见，政治社会学的视野更偏向于人文社会科学领域的研究，更加关注社会领域中的制度结构、文化传统、政治工具的利用以及各类现象结果的研究，而缺乏对社会中不可缺少的经济、政治、文化等领域及其互动关系进行统筹考察的视野。同时，由于这种人文偏向，也使得政治社会学在方法上放弃了实证研究的方式，忽略了现实生活中由数据、现象、问题等表现出来的深层次内涵，也因此缺乏一种更深刻的研究范式。

众所周知，马克思主义学说分为哲学、政治经济学与科学社会主义，而且马克思在进行研究时，从一开始就有自己的计划和打算。出于记者的职业本能和对社会底层群众生活的关注，马克思的初衷是想研究政治经济学，对不公平的财产问题进行批判。然而，在研究过程中，马克思越发认识到理论基础、方法视野对解决问题的重要性，因此马克思转而研究哲学，确定了

历史唯物主义的视野以及唯物辩证的基本方法。在解决了理论基础问题以后，马克思又着手对政治经济学进行研究，其成果《伦敦笔记》为后面《资本论》的写作奠定了深厚的基础。然而，马克思在发现问题时也着眼于解决问题，于是有了《共产党宣言》经典著作的诞生，这是马克思对政治经济学中所发现的各种不公平现象的回应，是对未来社会规律性的研究，标志着科学社会主义的诞生。在此指导之下，马克思甚至拿起武器直接参与到暴力革命中，直至革命失败，马克思再次投身到政治经济学研究中，继续寻找问题的答案。这是马克思研究的历程，也是《资本论》写作的背景。正如马克思所言："问题在于改变世界。"马克思一直致力于通过规律性、本质性研究解决现实问题，而非简单地、片面地对社会现象进行解读，更不是单纯用社会政治范式去理解问题。马克思的研究视野是宽阔而深邃的，《资本论》既是一本关于思维科学的著作，又是马克思主义哲学基本观点与方法论的运用，还为科学社会主义社会构想和革命斗争提供了理论支持。应用马克思主义《资本论》的视域分析和认识流量资本及其运行，就是要运用更加宽广、深邃且富于实效性的视域对流量资本进行哲学的剖析、政治经济学的分析以及革命的批判，要对流量资本进行静态与动态相结合的观察，要将其放在历史唯物主义的视角进行研究，也要将其置于政治、经济、文化、社会等交错联系的全面的视角中考察，更要具有问题意识并对其进行具有现实意义的批判与治理。

三、资本内涵与资本载体的差异：与信息技术学视域的比较分析

互联网自诞生以来，就是各类学科研究的焦点，信息技术学也成为各学科了解互联网的理论基础，对互联网的考察自动生成了一个交叉学科的视域。有学者利用信息技术学为人们解读互联网的技术原理、技术运行范式和人类学科交互模式；也有学者将互联网赋予社会学意义，以网络社会为基础分析人、事和物在信息技术学影响下的特点、规律以及相互作用力。信息技术学视域是本研究重要的视域，从某方面来说，其与数字资本、流量资本的研究具有天然的耦合性与互补性。信息技术学作为20世纪兴起的新兴学

科，从根本上颠覆了人与自然的传统关系，将过去人与自然之间简单的索取与被索取关系转变成一种复杂的交互关系，类似于中国传统哲学中的道家观念，人、技术、自然产生了一种融合发展的趋势。这种融合不仅仅是形式上的融合，而是一种深刻的内容上的融合，对人们的思维、认知和行为习惯等文化内涵产生重大影响。信息通信技术连同这种融合性促使经济与文化、劳动与休闲、生产与消费、工作与闲暇、公共与个人、生活与工作等明显区别的概念产生了非线性的交叉而导致的区别模糊，甚至以时间塑造的社会历史秩序也在经历一场颠覆，互联网成为新的社会化秩序，聚合着现实社会和网络社会。尽管信息技术学所论述的网络社会为本研究提供了重要的技术理论与创新思维，但是由于缺乏政治思维的研究，只能将其带入工具理性的研究范式。信息技术学也因此一叶障目，流量资本对其而言也仅仅是经济与技术的简单结合，流量资本也难以跨越其技术载体内涵而呈现资本的本质。

事实上，马克思曾经在《政治经济学批判大纲》中预测过一个全球信息网络未来，并认为在此网络中每个人都力图了解他人，人与人都在带来一些联系。今天看来，这一预测几乎与当前互联网概念吻合，于是，某些马克思主义学者便武断地推论马克思主义的视域与信息技术学视域存在相关性。但是，马克思的这种思想并非与信息技术学有关，这是马克思从媒体、传播、社交等人类社会交往概念出发而作出的预测。马克思写作《政治经济学批判大纲》的目的是对作为冷战和美国加州反文化运动的互联网工具性作用的否定，并且从整体上对这一资本主义社会中的新变化、新成就给予重要的批判，而这一切都是立足于历史唯物主义视角，这也是信息技术学视域所忽略的。信息技术学视域对资本的研究是立足于技术理性，研究的内容是随着技术发展所赋予资本的新变化，是对资本所承载的信息技术、算法技术、通信技术等科学技术的反思和总结。信息技术学视域不涉及马克思所秉持的历史唯物主义立场，甚至会因专注于技术而陷入历史唯心主义，因此也就不会从历史发展的角度对资本的本质进行深刻的剖析和批判，而仅仅是对资本运行方式等现象进行总结。

本章小结

本章立足于马克思《资本论》的基本问题，总结了马克思在《资本论》研究中的三大视角，即以资本“生产—流通—社会化”为线索的时间视角、以剩余价值“生产—交换—分配”为广度的空间视角、以资本主义“产生—发展—灭亡”为逻辑的社会发展视角，并分析了三大视角之间的辩证关系，进而创造性地提出了马克思《资本论》的研究视域。马克思《资本论》的研究视域是本研究的理论基础，有其深刻的哲学内涵。学者们可以借此视域对现实问题产生感知、想象、感受、直观、本质直观、判断等意识行为，也可以针对现实实施提出问题、分析问题、经验总结、理论反思等实践探索，这也构成了马克思《资本论》研究视域的外延。面对流量资本的现实问题，通过马克思《资本论》研究视域去探究隐藏于微信、微博、Facebook、推特、谷歌、苹果手机、音乐播放器、在线新闻、网上银行、门户网站等流量载体后的资本本质，具有更加深刻、更加全面、更加系统的认知，这是西方经济学视域、政治社会学视域、信息技术学视域所不具备的理论优势，也是本研究选择以马克思《资本论》研究视域考察流量资本、应对流量资本问题的根本原因。

第三章 流量的商品形态与价值生成逻辑

《资本论》以经济生活中的具象作为考察的感性基础，逻辑起点是被人们广泛熟知并构成现代生活基本内容的商品。对此，马克思解释："资本主义生产方式占统治地位的社会的财富，表现为'庞大的商品堆积'，单个的商品表现为这种财富的元素形式。因此，我们的研究就从分析商品开始。"[①]为了更好地理解流量资本，本研究将流量商品作为切入口，运用马克思《资本论》研究视域对商品形态的流量资本进行考察，探究资本逻辑支配的具体形式、剩余价值的产生基础以及在此基础上产生的流量数据崇拜。

第一节 流量的商品二因素分析

一、流量的商品内涵

众所周知，任何商品都有使用价值与价值二因素。这二因素统一于商品，又在商品生产者与消费者之间形成了不能同时占有的对立矛盾，并由此引出了以价值形式为工具的商品交换。人们只能在桥的这头或者那头，意味着人们必须在商品的实体形式和价值形式之间选择，而当选择完成并实现了交换，商品也就具有了第四个属性：交换价值。由此，商品的价值、使用价值、价值形式及交换价值构成了商品的基本内涵，而商品的定义"用于交换的劳动产品"也正是从四大属性出发对其进行的规定和描述。可见，流量要成为商品也必然具有以上四大属性。首先，流量的使用价值是流量成为商品的前提，主要指流量在互联网经济时代的有用性，如有人将流量作为营

① 马克思恩格斯文集(第五卷)[M].北京：人民出版社，2009：47 .

销的窗口，在信息流动中兜售广告以产生更好的营销效果。其次，流量承载了人类的无差别的社会劳动，即流量产生过程中对人类体力和智力的损耗，这是流量成为商品的价值基础。显然，流量不是如自然界的空气、阳光等自然的存在，而是由人类劳动创造的人化存在，因此其中必然凝结着人类劳动，并且是以时间作为计量标准的无差别人类劳动。美国著名科技类月刊《连线》杂志创始主编Kevin Kelly用液化状态来比喻数据，可谓道出了信息流动的本质。信息通过在媒体之间运动实现重组，越是呈指数级的流通越能促进和加速这场重组，因此重组再生成的流量其实已经是与信息完全不同的存在，其流动性已经超越了信息内容本身。流量的实体就是移动中累积的数据。在字节世界里，这种信息移动并非单纯机器作用的结果，而是无数数据终端人为加入完成的，价值正是由数据终端的各种操作劳动积累并形成。再次，在互联网行业，有这样一个公式：用户=流量=金钱，要实现流量变现最重要的就是有足够的流量。因此，流量商品价值与使用价值的让渡直接表现在货币上，并产生了以货币为核心的流量交易。这也使得流量具有了稳定的价值形式。最后，只有用于交换的产品才可称为商品。当今，信息流速已经突破了人类对流动性的认知，也远远超出了人类的接受能力，人类由此开启了信息流动所带来全新的时代——流量时代。业已发展壮大的流量数据成为新质生产力的代表，数据市场、数据交换早已不再新鲜，不断地实现着流量商品的交换价值。

流量商品一旦产生，也形成了基于货币的流量商品价格机制，表现出成熟商品及商品交易的一般规律。买者总是试图降低价格，以最少的货币获得最多的使用价值；卖者则总是试图抬高价格，以最少的使用价值获得最多的货币。在流量经济中，流量生产者总是尽可能以最少的成本抢夺互联网用户以实现最大规模的流量生产；流量使用者则是尽可能地使用互联网用户以实现最大程度的流量变现。流量商品中价值与使用价值的二元对立逐渐表现为一种独立于商品交换之外的互联网用户抢夺矛盾。由于互联网用户总量相对固定，由用户劳动时间衡量的劳动价值也相对固定，因此抢夺互联网用户的流量争夺战也暗含着与用户自身抢夺个体非劳动时间的内涵。流量的商品本质逐渐被掩盖,流量的商品属性被互联网消费属性遮蔽。可见,流量的商品内涵不仅具有理论的抽象性,也具有现实的遮蔽性。

二、流量商品二因素的对立统一与运动

在流量时代,当信息本身的价值被速度埋没以后,捕捉动态流量显得尤为重要。简言之,新产生的信息与关注这些信息需要的注意力表现出供求不平衡的状况。正是这种注意力的短缺使得注意力的载体——流量具有成为商品的可能性,即拥有了使用价值——注意力。因此,围绕注意力的获取,流量商品中二元对立的具体运动形式即表现为"流量—货币—流量"之间的循环往复与价值让渡。这一流通过程中"买"与"卖"的物质实体,或者说流量的实体形式,则为流量数据。第一种对立:流量转化为货币,或者叫流量变现。这是将流量以其注意力使用价值作为卖点转化为货币的过程。一些广告商为抓住特定消费者的眼球而愿意支付额外的费用以获取流量;实体企业为更好地营销产品而去寻找拥有更广阔流量入口的平台并为此支付巨额使用费用;网络游戏公司不惜投入大量资金去进行游戏研发并免费提供游戏产品以吸引、制造流量。流量具有进行商品交换的物质前提,更多的资本投入流量的生产,流量资本家也在流量与货币之间制造了对立。第二种对立:货币转化为流量,即流量生产。这个过程主要是流量生产者为了某种利益而不断生产流量的过程。这种利益虽然不能与传统货币相提并论,但其价值产生机制与以货币为代表的物质财富是一样的。当网民在谷歌上浏览的时候,网民免费使用的搜索功能、网页新闻、互联网应用等构成了某种与货币类似的物质利益与网民时间消耗而生产的流量产生了转化与让渡。网民一旦进入网络"消费"模式即开启了流量生产,当然流量并不属于网民自身,而是为其提供"消费"的互联网商家。可见,网民在自身注意力时间与网络免费获取之间实现了某种对立。

科技和生产力的发展势不可挡,在资本的推波助澜之下,这种科技和机器的火车头毫不留情地从人类脆弱的身体上碾压过去。加速主义的出现为

流量商品“注意力–货币–注意力”之间的循环提供了便捷，也使得这种对立、转换与让渡以更快的速度循环，甚至从根本上改变了这种运动的逻辑与机制。网民的任何行为都以数字痕迹被整合到巨大的流量数据中，网民的购买行为被转化为数据流整合进互联网流量计算中，互联网流量的云计算成为当代最有力量的“机器”。流量的使用价值不仅仅是静态的存在，还可通过对这些留下的数据计算和分析得出指引经济发展的重要指标。譬如，在淘宝或京东上的购买数据可以显示出这个季度华东地区什么样的衣服款式更为流行，或者年轻女士最近更喜欢什么颜色或搭配，这些信息可以直接用来指导生产。各类免费劳动者以各种形式的劳动（如玩乐劳动、消费劳动等）成为流量生产的主力军。流量的商品内涵有了本质内容——无差别的人类社会劳动，只是这种劳动往往被冠以主客颠倒的称谓，如消费、玩乐、休闲等。实际上，当网民使用智能手机等设备的时候，网民并不是以一个生物学个体参与到里面的交往之中，网民被转化为一定的数据流，并成为宏大的数字网络的一部分。这个宏大的数字网络，就仿佛是马克思笔下的“自动的机器体系”一样，在智能手机和其他终端的屏幕前的网民就是这个巨大的数据网络的肢体器官。流量似黑洞一样吸引着人们的注意力而凝聚起了人们的劳动，越来越多的注意力劳动的“无私奉献”使网民出现网络成瘾、手机依赖等心理疾病，无节制的注意力的输出使网民身体出现了各种问题。网络使人陷入沉沦，这是资本化生产的流量在压榨网民的身体和精神，流量商品的二元对立呈现出商品历史上空前巨大的矛盾与对立。

三、流量商品的价值形式及特点

马克思认为：“价值对象性只能在商品同商品的社会关系中表现出来。”[①]因此，商品的内在价值需要用价值形式这种外在形式来表示，价值形式的概念由此产生。商品的价值形式，既可以是物，也可以是货币，甚至是债券、债权等。只有在商品交换中才需要衡量或者表现商品价值，因此价值

① 马克思恩格斯全集（第二十三卷）[M].北京：人民出版社，2016：61.

形式是商品交换的产物。马克思在论述价值形式时,根据商品交换的历史发展进程,将价值形式概括为简单的偶然的价值形式(偶然产生的物物交换)、扩大的总和的价值形式(经常发生的商品交换)、一般价值形式(成规模、较为成熟的商品交换)以及货币价值形式(成熟的商品交换)。以上价值形式在商品交换中依次出现,表现出商品交换的不同水平,促进了商品流通和商品生产。自从货币出现以后,商品价值形式固定为货币,这既是由货币本身的特性决定的,也是商品经济发展的需要。

进入流量经济时代,流量商品的价值形式更加多元,除以货币衡量的价值形式以外,更多时候是被遮蔽的流量价值形式。如网民每天都在享用的免费数字服务,其本质就是一种价值形式。百度的搜索服务、腾讯QQ和微信提供的信息通信服务、地图App提供的路线规划服务、视频软件提供的视频图片处理服务、美团提供的商家搜索服务等为网民带来了生活的便捷,节约了时间,提升了生活质量,网民则为其生产海量流量和数据,而用户数量也成为衡量互联网企业价值大小的重要指标。日本学者此本臣吾在《数字资本主义》一书中就以日元的形式计算了数字时代的消费者剩余,这可被视作流量商品价值形式最宽泛的表述。事实上,当谷歌、亚马逊、Facebook等大公司对其所占有的数据采取抽取同类或利用相关数据形成相应的数据群进行流量交换买卖时,资本家获取了流量数据,网民获得了以服务为内涵的价值,流量商品则获得了它的价值形式。在流量从商品形式到价值形式转化的过程中,建立在网民无偿劳动基础上的对原始数据的私人占有成了流量价值形式转化的催化剂。信息技术的革新使得生产空间与消费空间重合,进而在资本驱使下,消费劳动转化为生产劳动,消费能力——注意力转化成一种新的生产能力,流量以数据为外壳不断地在商品与资本之间进行形式的转化。

可见,流量商品的价值形式具有多元性、隐蔽性两大特点。多元性主要指流量商品价值形式已经超越了货币的范畴,表现出具有价值意义的多元形式,如服务、管理、体验等均可纳入价值形式的范畴。同时,由于流量生产与消费行为深度融合，流量的生产行为往往被消费行为遮蔽，或者与之混淆，甚至有学者质疑流量作为商品的根本属性，这显然是不合理的。由此引出流量商品价值形式的第二个特点——隐蔽性。然而，具有隐蔽性的价值形式并不能否定价值形式，事实上，经济学的消费者剩余概念更能概括并解释流量商品的价值形式。此本臣吾在《数字资本主义》中用日元作为价值形式详细推算了消费者剩余的具体价值量。以瑞典数字音乐发行公司Spotify流媒体音乐服务平台为例，截至2017年6月，Spotify在全球范围内的活跃用户数量多达1亿4000万人。据此数据，则该公司为付费用户与免费用户共创造消费者剩余约合2兆日元。除却推算的精确性，显然，这2兆日元的消费者剩余将花费Spotify公司一定的资本成本，如广告费用、版权费用、平台维护费用、数据处理费用等，这可视为Spotify公司为1亿4000万人的流量数据支付的成本，即流量商品的价值形式。消费者正是享受到了此种消费者剩余才选择Spotify音乐平台，并最终为该公司生产巨额流量数据，成为该公司的流量生产者。

四、流量商品的交换价值及实现形式

交换价值是以价值形式表现出的具体价值量，它既是使用价值和价值相统一的静态价值量，也是使用价值和价值互相让渡的动态价值表现。如前所说，商品的使用价值以类为总属是独特的、具体的，也是唯一的。某类商品具有的使用价值是其他商品没有的，在物质不充裕的时代，甚至是无法替代的。如用于保暖的衣物不能被用于果腹的食物代替。当然，商品的使用价值也是多样的，要满足人类生存和繁衍的所有需要，要满足维持社会的存续与发展的需要。使用价值以形式上的多样性、复杂性构成了人类财富的物质主体，也产生了物与物之间进行交换的现实需要，由此产生了交换价值。交换价值的内涵，本质上是以劳动为标尺的商品交换的量的比例关系，所以价值是交换的尺度。流量成为互联网经济中重要的生产性要素，流量商品也实现了从自然产生到组织生产的转化过程，货币以复杂且隐蔽的价值形式参与其生产、交换与消费。一方面，流量商品必然进入市场交换，以其对生产的有用性完成其生产要素的职能,同时也完成其商品的全部内涵;另一方面,流量商品以投入货币量为基础取得相应的用户规模,实现流量数据价值量,补偿流量生产者的货币投入。这既是流量商品的交换过程,也是流量交换价值的实现过程。现实中,流量商品的交换价值主要有以下三种实现形式。

1.广告

2018 年,迪士尼动画片《无敌破坏王 2:大闹互联网》中,在互联网世界身无分文的拉尔夫跑去找Buzz Tube网站的椰丝小姐,用拍摄的视频吸引网络上的注意力来赚钱。电影正好折射出流量资本主义下政治经济学的基本法则:网络的注意力或公众关注度就是金钱,而这个金钱最好的实现形式就是广告。这个法则也是支撑网络大V和流量经济最基本的基底。在Instagram上,在抖音上,谁能吸引更多的注意力和关注度,谁就是王者,而普遍的数字平台的用户正在深陷这种商品意识形态[①]构建的广告的泥淖。如图3-1所示,网民如同底层的搬运工,既是数字产消者,又是广告商的受众。一方面,网民为流量资本提供免费的流量劳动,贡献自己的注意力,让自己成为互联网流量的生产者;另一方面,网民成为广告的目标受众,是广告商的猎物。以世界互联网公司为例,根据谷歌母公司Alphabet发布的2022年财务数据,2022年全年,谷歌总收入2828.36亿美元,来自广告的收入达到2244.73亿美元,占比达79.37%,在2020年及2021年,这个比例分别达到81.31%及80.49%。2022年2月,亚马逊首次报告了广告服务的独立收入,2021年全年达到312亿美元,这让亚马逊的广告业务收入仅次于谷歌和Facebook。可见,广告收入已成为互联网企业主要的盈利模式。

---

① 商品意识形态:援引自美国学者弗雷德里克·杰姆逊《后现代主义与文化理论》。他在该书中指出:“只要你消费,那么你有什么样的意识形态都无关宏旨,我们现在已经没有旧式的意识形态,只有商品消费,而商品消费同时就是其自身的意识形态。”具体引注:弗雷德里克·杰姆逊.后现代主义与文化理论[M].唐小兵,译.北京:北京大学出版社,1997:29.

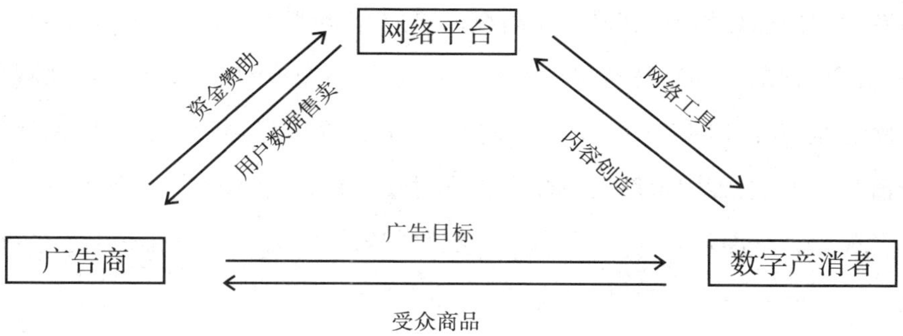

图3-1 平台广告运作示例

2.网络平台

网络平台是实现流量商品价值形式的另一大形式。正如前面所言,广告营收是互联网企业盈利的重要来源,而广告很多是通过网络平台传播的。“商业媒体将关联的商品意识形态传递给用户,将意识形态‘运输’给消费者。广告进行着信息生产和运输劳动。广告并不是以物理的形式将商品从 A 运输到 B,而是组织了一个传播空间,允许广告商将使用价值的承诺运输给潜在的用户。Facebook 用户和从业人员就是运输工人,他们运输着使用价值的承诺(即商品意识形态),将之传递给潜在的消费者。”[①]可见,各大平台以广告等商品意识为主要内容,网络平台成为流量时代流量价值形式实现的主要阵地。当然,网络平台的价值不仅是广告营收,更是通过流量引导传递着商品意识形态、消费意识形态等,使网络平台成为流量时代炙手可热的商业模式,网络平台的价值形式也因过于巨大而难以估量。以近年来淘宝购物平台流行的“双十一购物节”为例,据已公布数据可知,2022年双十一,全网销售额为5571亿元,其中,淘宝天猫平台销售额为3434亿元左右,京东平台销售额为1740亿元左右。如此巨大的销售额正是流量导引的结果,也是流量商品价值形式的实现。实际上,淘宝的这种商品意识形态、

① Christian Fuchs. Reconsidering Value and Labour in the Digital Age[M].New York: Palgrave Macmillan,2015:30.

消费意识形态传播，使其母公司阿里巴巴成为全球互联网企业的佼佼者，腾讯、美团、京东、百度、网易和小米等平台也通过这种流量价值形式的实现形式跻身全球互联网企业的前列。同时，互联网企业还通过平台不断拓展其价值实现形式，如阿里巴巴不断深耕支付宝平台，使企业在平台流量的簇拥下形成更为全面的集商务、支付、金融、财富管理等为一体的独立生态系统，提高流量的使用价值率，拓展流量的价值实现形式。

3.网红

网红是流量在媒体传播领域的应用和价值实现形式。随着人们精神生活需求的提升，越来越多文艺形式进入互联网以寻求更快的媒介传播途径，更快地被大众识别、认可和传播，其中主要包含电影、电视、文学、音乐、传统艺术等内容形式。互联网与数字传媒技术结合，生成了历史上最便捷的艺术传播形式。不管是图片、文字还是视频，由于制作便捷、传播便捷、复制便捷、修改便捷、合成便捷、交互便捷等特点，使得互联网迅速受到传媒从业者的青睐，也使得越来越多的人选择“互联网+专业”的网络经营模式，网红产业由此而生。章泽天、王思聪、罗玉凤、西单女孩、龚琳娜等都是借助互联网流量传播效率“红”起来的人。作为流量商品价值实现形式的网红，其运作的秘密并不是传播信息本身，而是互联网流量中的媒介或者说流量的载体。因此，网红产业的基本操作流程包括“制造媒介—传播媒介—生成媒介流量—流量再生产……”网红的知名度代表了流量生产的效率，也就是围绕这一网红产生的流量的价值大小。越是被人们广泛知晓并认可的网红越具有价值，流量的价值形式越大；反之，当一个网红失去流量，这个网红就不再具有价值，流量价值实现形式即为零。网红的本质就是流量的价值形式，与艺术等内容产品的关联度很小。所以，作为内容创造者、精神文化产品生产者的艺术家与网红有着本质的区别，不可对他们作价值大小的比较，因为网红已不是自身内容的价值承载者，而是流量的价值实现形式。网红总是力争获得各种曝光的机会，本质上是吸附更多的流量,以增加自己的价值;网红可以没有作品被认可,本质上人们认可的是媒介的流量;网红最后销声匿迹,本质上是流量的消逝。

第二节 流量商品的使用价值:注意力及其质量评价

一、互联网注意力的基本内涵、外延与特点

注意力,顾名思义,就是注意的能力。在理解注意力之前,有必要先弄懂注意的内涵。注意是一种宽泛的认知,是事物进入人们认知范畴的总体表达。因此,可以从三个层面理解注意。首先,注意总体上被理解为一种认知,因而必须有人的感官的参与,或是通过听觉,或是通过视觉,注意是人通过人体感官功能完成的实践活动。心理学将注意定义为伴随着人的感知觉、思维、记忆、想象等形成的心理过程,是通过人的心理活动形成的对某事物指向性的认知。根据人们感官特点的不同,注意的范围也会不同。一般而言,单一感官参与的注意范围更广,而多感官综合集中的指向范围往往要小一些,所以在需要多器官调动的参与活动中,人们往往会被提醒"注意力集中"。其次,注意是一种相对确定认知而言更为宽泛的概念,因此这种认知表现为一种动作过程,而非具体的结论。人们注意到某事物往往指人们对某事物产生一种注意性动作的持续,思维的、视觉的、听觉的等,并未指具体的认知结论,所以有人形容"注意是我们心灵的唯一门户,意识中的一切,必然都要经过它才能进来"。最后,注意必须有感性材料对人产生的刺激才能发生,因此,注意一定有具体的特定的对象。人不能对着空气进行注意活动,而只能叫沉思。甚至,产生注意的持续时间与涉猎范围也经常受具体的感性的材料刺激与人的主观心理因素互动作用的影响而表现为注意所及范围大小与时间长短,注意力也由此产生。

通过以上分析可知,注意力是指由人对刺激物产生指向和集中的实践活动所持续的时间长短、范围宽广、理解深度等为标准的个人能力,与人身体的物理特点与心理特点相关。总体而言,人们总是通过以人的视觉、听

觉、味觉等为主要内容的感觉和以意识、思维等为主要内容的知觉共同作用,在一定时间内主动对一定外部刺激物产生指向性选择和集中性抑制活动。因此,人的注意力同人的身体,尤其是直接产生感知的器官密切相关,注意力也表现为感知力、记忆力、智力、想象力和共情能力等。人不管是因注意而产生集中性抑制,还是表现出感知力、记忆力、智力、想象力和共情能力等,都与个人在那一时间的身体状态息息相关,所以注意力的高低与人身体的物理能力紧密联系。注意也可以是非物理的参与,仅仅是人对曾经的感性材料的回忆、反思、回味、再认知产生的指向性,因此,注意力也隶属于人的思维理解能力。另外,人对刺激物的反应往往还与心理层面相关。比如,心理宽广的人更能接受外部事物,产生主动选择的倾向,因此注意力也可能表现出主观的倾向。

注意力可以分为生理性注意力、思维性注意力和心理性注意力。生理性注意力是由人的身体感官形成的注意活动产生的注意力,如视听注意力、嗅觉注意力等;思维性注意力是由人的思维形成的对某事物的注意力,如阅读时对词句品鉴形成的精神集中;心理注意力是根据人的心理选择形成的对某事物的注意力,如因兴趣爱好引起的对某事物的特别关注。在商业领域,作为商品的注意力也有不同的分类。根据消费者对商品注意力产生的根源,商业营销中有主动营销与被动营销之分,也就是对商品主动产生购买行为,还是被营销以后产生购买行为。这种注意力类似于心理性注意力,目的是通过注意力刺激个人消费行为而提升效率。通常情况下,商家总是鼓励消费者积极参与信息的筛选、理解与认知,最终发生实质购买行为。可见,在商业领域,要获取并占据人们的注意力,需要对注意力本身进行分析和判断。

注意力包含两个基本特征:指向性与集中性。指向性表达的是注意力与对象的交互关系,集中性表达的则是注意力与对象交互作用的程度。人们总是对出现在同一时间的众多刺激进行选择,表现为注意A事物与注意B事物的强度或者持久性不同,甚至直接忽视C事物。指向性体现的是注意力的生成过程,以人的注意能力与被注意受体的主客关系为主要内容。集中性则是人的身体感官、心理活动、思维活动与刺激物互动中的强度或紧张程度。可见,注意力的集中性既可以表现出对干扰刺激的抑制,也可以表现出对受体的持续性。集中性体现的是注意力的评价过程,是以注意的强弱与注意持续的时间长短衡量的。

二、互联网注意力构成流量商品买卖的基本内容

广义的互联网注意力是指网民对以信息为核心的互联网产生的持续关注力,以时间长短、范围宽广、认知深度为计量指标。由于单个信息本身的刺激作用力不同,互联网注意力对具体信息的关注在以上计量指标中往往表现出差异性。因此,狭义的互联网注意力,也是本研究所指的互联网注意力,正是具有差异性的单个的互联网注意力。这种差异性以注意力的广度、稳定性、分配范围和转移间隔等表现出来,是衡量互联网注意力大小的具体指标,构成了流量商品的使用价值,也成为流量商品买卖的基本内容。

具体而言,注意力的广度指注意所覆盖范围的大小,用以描述被注意事物的空间大小。由于注意力具有指向性,注意力的广度是有限的,人们总是试图提高注意力的广度。注意力的稳定性指在一定时间内,注意力主客体二者的确定性与交互关系的稳定状态。稳定性是一个相对指标,用以描述某人对某物的关注时,一般指这段时间的相对注意。注意力的集中性决定了具体注意力的稳定性,表现为这个注意力所引起的主体与被注意对象的关系质量。不同的人、同一人在不同时间,注意力的稳定性都有很大差异。注意力的分配性指注意力可拆分并对不同事物产生同时投射的特性。分配性既可以是人对自己的注意能力主观的分配,也可能是客体刺激强弱所吸引的注意力的客观分配。由于注意力对身体与精神产生消耗,人的注意力总是有限的,不可能什么东西都关注。注意力有限却不是唯一的,因此,在注意的对象较为熟悉或者场景较为简单时,可以同时注意一个或几个目标,并在这几个目标中根据具体情况进行注意力的分配。注意力的分配性与注意力能够持续的时间有关,因此可以通过培养而改变。注意力的转移性指

注意力从对这一事物的投射转移到他物的特性,既可能是注意力主体主动选择的结果,也可能是外物刺激变化的结果,还可能是人的注意力类型转移的结果。注意力的转移性与注意力的相对稳定性是一致的。换句话说,转移性具有绝对性,即没有人能永恒地注意唯一事物,注意力的转移是经常发生的现象。

早在电视媒体时期,研究者斯迈斯就发现了电视广告的本质,指出真正的商品不是广播里的声音和电视上的图像,而是听众和观众本身,更具体而言,是听众和观众由视听觉产生的对某视听刺激产生的注意力。"因为听众的注意力是被产生出来的,并被销售、被购买、被消费,它有一定的价格,是一种商品。听众贡献了未付酬的听力劳动,换得的是编排好的节目材料和广告栏目。"[①]这可算是早期的流量买卖。在Facebook、Twitter、YouTube等互联网工具普遍使用的今天,网民的注意力无时无处不被吸引着,如弹窗广告、推送信息、推荐阅读等。甚至整个平台的使用过程就是一场被设计的广告与被组织的注意力生产过程。今天的数字化平台以一种表面的虚无的自由不断充实信息流量数据库,使得注意力的生产变得更加宽广且具有隐蔽性,流量的使用价值也随之增强。一方面,在传播的过程中,发帖人通过帖子这一载体创造了发帖人与公众关注度的关联,是自己本身成为注意力的吸附载体,生产出自己的使用价值,因此,发帖人或热帖本身转变成流量并成为特定广告的目标而产生买卖过程。另一方面,用户为数字资本生产出针对某一特征流量的使用价值,即为广告产业生产出特定的目标广告对象,如Facebook的盈利项目中多了一项广告收入。可见,流量生产无处不在,流量的应用场景无处不在,流量买卖更是无处不在。然而,不管以何种形式买卖的流量,互联网中的注意力始终是买卖的基础。注意力从一个心理研究领域的名词转向互联网商业。为了更方便快捷地完成流量商品的交换过程,流量资本家也为使用价值——注意力创造了科学系统的计算方式。

---

① Dallas Smythe.Dependency Road[M].Norwood:Ablex Press,1981:233.

三、流量商品的质量评价及案例分析

通过对注意力特点的综合分析,我们可以用注意力的指向性与集中性两项基本指标来评价某一具体注意力的质量。具体注意力在产生并发挥注意效果时,注意力的广度、分配性、稳定性与转移情况则成为表现注意力指向性与集中性的具体内容,也就成为评价注意力质量的具体指标。一般而言,注意力的广度与分配性属于静态的衡量指标,二者之间存在互动与影响且均与指向性和集中性呈负相关关系;注意力的稳定性与注意力的转移属于动态的衡量指标,二者之间存在因果关系,前者与指向性和集中性均呈正相关关系,后者与指向性和集中性均呈负相关关系。注意力的这些特点及相互关系表明注意力是非自然的存在,可以通过对某些特性的改变来改变注意力的指向性与集中性。以下将通过分析互联网中具体的流量数据和流量生产案例,窥视互联网企业如何利用注意力评价中的具体指标评价并提升具体注意力质量,以此产生高质量流量的过程,由此证明注意力作为使用价值仍然具有价值高低等普通商品具有的普遍差别,进而在后期流量交换过程中决定流量的交换价值。

1.利用注意力广度扩张的拼团购物的流量生产及质量分析

国内电子商务平台拼多多公布的2019年第一季度财报显示,拼多多的拼团购物模式对平台吸引流量功不可没,平台年活跃用户量持续增长。首先,拼团购物的潜在内涵是实惠性,利用大众追求价廉物美商品的底层逻辑扩大受众范围,提高注意力的广度;其次,平台在理解消费者的前提下,促进农民、制造商等上游供应商生产合适的产品,使得广泛的注意力得到合理的分配;再次,平台不断利用各类团购活动注入新的刺激,并在用户间互动,提升由注意力构成的数据点,增强消费者注意力的稳定性;最后,平台根据已搜集的用户数据为用户提供更好的用户体验,与用户不断变化的偏好相匹配,提供更具有指向性和集中性的被注意对象,注意力的转移被有效抑制。可见,拼团购物这种营销模式对提升注意力的质量非常有效,也成为互联网公司提升注意力质量的常用形式。目前已拥有近千万商家用户的互联网企业美团利用网络搜索请求获得注意力,通过匹配请求与商家建立具有指向性的注意力联结,提升企业曝光度。这一过程提高了注意力的广度和分配的合理性,加强注意力的稳定性与抑制注意力的转移双向并举,提升了注意力的指向性与集中性。可见,注意力的指向性与集中性始终是评价注意力质量的两项基本指标。

2.利用注意力分配性的小游戏的流量生产及质量分析

2018年伊始,微信小程序推出的"跳一跳"小游戏吸引了很多微信用户的注意,用户日活动量一度过亿,成为投资回报率极高的商品。此后,很多小游戏营销模式出现在各大互联网平台。小游戏以小切口获得受众的注意,再以不断注入的刺激持续营造并衍生各类与游戏相关的生态链,对提升大平台生态系统的流量极有助益。以降低用户使用的心理成本、时间成本和身体成本的小切口模式大大提升了注意力的主体广度,游戏、程序、公益、积分等常用形式则大大提升了各类用户的指向性与集中性,使得"从一个小游戏开始"的小切口成为互联网吸流的高效模式。这样的案例在互联网营销系统中屡见不鲜,当然也屡立战功。2018年双十一期间,日本"优衣库"服装品牌利用官方旗舰店小程序购买实现了营业额的提升,流量带来的购买力转化率远超行业水平,达到行业平均值的3倍。同样是2018年,同程艺龙月活跃用户达到1.75亿,其中80%是通过腾讯旗下的小程序吸流而来的。支付宝利用"游戏+公益",推出"蚂蚁森林"小游戏,鼓励用户使用步行、公交、骑车等低碳方式来攒积分并借此绑定用户,一定程度上抑制了用户注意力的转移,为支付宝用户黏度提供助力。

3.利用注意力稳定性的"不断更新"的流量生产及质量分析

随着流量经济的发展,为了更多的吸引和稳定注意力,互联网零售业采取了"不断更新"的策略,通过线上线下结合、生鲜百货结合、数字化策略等零售模式的变化不断刺激消费者,赢得网民的注意力。移动互联网的发展为网民带来了个性化的购物体验，互联网上的注意力也被“直播带货”成功吸引。根据网经社电子商务研究中心发布的《2022年（上）中国直播电商市场数据报告》，预计2022年交易规模达到34879亿元，同比增长47.69%。淘宝直播以“消费类直播”主打为用户提供边看边买服务，仅2021财年交易规模就超过5000亿元。永辉超市重构了线下零售体验，据2020年三季报显示，当年前三季度永辉超市的到家业务实现销售额65.35亿元，同比增长180%，在总营收中占比达到9.7%。这种“不断更新”的零售模式极大匹配了互联网中注意力的特点，用持续变化和推陈出新得到了注意力的持续分配，有效抑制了审美疲劳所带来的注意力转移，巩固了注意力的稳定性，使得注意力质量得到极大提高，成为流量经济中吸引流量的重要策略。

四、流量商品的数量计量及数据分析

注意力除了质量上可衡量，数量上也可计算。从流量的计算规则来看，用户以应用程序的使用为标识被分组，以工作组为单位被分配到同一服务器、置于同一物理网段或虚拟局域网中，因此，流量数据代表的是网络上客户机与服务器之间产生的数据流量。在具体场景中，流量计算是使用带宽相对高的交换机连接客户机和服务器，采用“80/20规则”，在技术上利用本地网络设计模式实现80%的数据通过本地网同一路段传输，仅20%的数据通过网络主干传输，这就意味着，技术上80%的网络流量留在了本地工作组。实际上，网络流量的统计是一种宽泛的概念，所谓“80/20规则”并非具体的数字，而是网络流量计算的统计方式。可见，互联网注意力的可计算性是互联网设计中的应有之义，也有相关的技术与原则支持互联网中注意力的数量评价。

现实中，注意力的数量评价总是通过一组组数据得出的，因此，也可以通过列举互联网中的各类数据来获得注意力数量评价的具体指标。国家统计局数据显示，截至2022年6月，我国网络购物用户规模达 84057万人，2022年全国网购零售额13.79万亿元，超1.2亿场平台直播被重点监测，视频直播超1.1万亿人次观看，超9500万个商品通过直播销售，近110万人常年活跃在主播行业。流量经济的应用场景多、注意力数量大、计算统计方法成熟,为注意力数量评价提供了强大的根基,数据化的注意力市场已经形成。流量经济已经成为当前社会重要的经济体,互联网注意力计算则是当前经济社会运行的必要手段。本研究通过大量的案例整理和分析,发现互联网流量数据计量主要有两种形式:市场端应用数据统计与生产端要素数据统计。

1.市场端应用数据统计

互联网注意力的数量评价是数字经济发展的基础,因此,各类数据发布遍及互联网应用的方方面面,表现为各类统计数据。《中国互联网发展报告》自2003年开始每年出版一卷,从移动通信总基站到数字经济市场规模,从工业互联网市场到物联网市场,从人工智能、网络安全到网络教育,各类数据应有尽有,门类齐全。始于1997年的中国互联网络信息中心(CNNIC)《中国互联网络发展状况统计报告》,内容覆盖了互联网应用中与人民群众生活结合紧密的衣食住行各类生活场景,从短视频、直播等应用到网络内容、互联网知识产权环境、内容付费意愿和用户规模等,从网络视频、网络音乐到网络文学等,还包括社交、支付等不同的社会应用等,为互联网各类注意力和互联网流量提供了详尽的数据材料。互联网注意力的数量评价是衡量公共服务优劣重要的量化指标,并引导着相关行业的发展。以教育部门为例,根据第45次《中国互联网络发展状况统计报告》,以2020年3月计算,我国在线教育用户人数达4.23亿,占全部网民人数的46.8%,互联网在线教育在2020年疫情初期帮助2.65亿在校生实现了线上课程。注意力数据评价成功引导在线教育企业及时应对激增的用户需求,促进了在线教育的发展。

2.生产端要素数据统计

各类资金不断投入互联网企业,互联网注意力的数量评价成为企业赖以生存的重要生产要素,数据业发展成为数字经济发展的重要力量。据国家统计局统计,2022年我国互联网流量产业规模达1.57万亿元,同比增长18%。互联网流量产业以数据为基础,对互联网数据进行成规模、有目的、有计划的，以捕捉、生产、存储、采集、加工、分析、服务等为内容的再激活，形成促进数字化进程的战略性新兴产业。互联网流量技术与互联网聚合的根本原因就在于数据与用户注意力的高度一致性，甚至可以说，数据就是用户的同义词。始于团购、进化为“啥都有”的美团已经成为海量数据（用户）的超级App，能提供30种以上的服务和功能，涵盖餐饮、娱乐、出行、休闲和日常生活的方方面面，实现了依托互联网流量技术的应用性聚合，发挥了流量的应用效用。超级聚合不但提升了单个用户的交易频次，也增加了整体用户的活跃度，形成了海量数据（用户）。财报显示，截至2022年6月30日，交易用户数达6.847亿，活跃商家数达920万，美团平台用户人均交易频次同比增长16.2%，至38.1笔，用户黏性继续提升。这些数字在公司财报中出现，本身就极具分量，本质上是美团App互联网价值的评价。

第三节 流量商品的价值实体：流量劳动与时间计量

一、流量劳动的内涵与外延

流量劳动目前在学界还无准确的界定，如前所述，本研究认为流量劳动是客观存在于互联网并用于生产流量数据的劳动形式，具有人类劳动的一般性质。因此，流量劳动至少包含三个基本内涵：第一，流量劳动是对人脑力和体力的耗费；第二，人类通过这种劳动与自然界产生了交换，获得了流量这一劳动产品；第三，流量具有物的有用性，是当前流量经济中重要的生产要素。为了将流量劳动与其他的劳动形式尤其是互联网中普遍存在的数字劳动相区别，可以从劳动过程中的劳动力、劳动对象、劳动资料三个角度对流量劳动作更细致的研究。

首先，从劳动力看，流量劳动的主体是组织结构松散或缺失的网民，同时，网民自身大多没有劳动主体的存在感。为了更好地理解这一内涵，可以将其与目前学者们谈论较多的数字劳动作比较分析。数字劳动指数字媒介技术终端的用户劳动，包括数字技术的开发、软件等应用的研发、发（刷）朋友圈、微博和视频等一切和数字内容相关的劳动,劳动力是来自雇佣关系中的数字工人。流量劳动与数字劳动拥有类似的工作方式或场景,即数字场景,但是数字劳动是数字技术语境下的雇佣劳动关系,流量劳动却是在松散组织结构之下的吸附劳动关系,也有人将其定义为产消一体的劳动形式,认为网民在互联网上的消费过程正是流量的生产过程。因此,流量劳动力的基本内涵是劳动场景的松散组织结构,甚至完全无组织结构。正因如此,很多学者否定流量劳动力的生产性,进而否定其劳动的属性。然而,如前所述,流量劳动中网民存在明显的体力和智力消耗并生成了流量数据这一虚拟存在物,不能因为劳动力组织结构的松散而否定其劳动的本质,恰恰相反,这正是流量劳动的具体内涵之一。其次,从劳动对象来看,流量劳动的对象是互联网,其表现形式包括网站、平台、小程序或者互联网中的个人、话题、事件等。正因如此,很多人将流量劳动与以信息技术作为劳动资料的数字劳动混为一谈,否定了两者本质上的区别。正如有学者比喻,如果把互联网看作一块公地,那么流量劳动就是在这块公地上的劳作。公地是信息技术的结果,而非信息技术本身。虽然互联网承载了很多信息技术产品,然而互联网与信息技术却存在本质的区别,正如原因与结果的区别。这也可以解释,为什么很多对信息技术一无所知的人却可以生产流量,成为流量的免费劳工。最后,从劳动资料来看,流量劳动主要以各类网络终端为劳动资料。随着移动互联网的发展,以松散组织结构存在的流量劳动力更多地使用移动手机作为流量生产的工具,这也使得流量劳动具有更宽阔的劳动场景。同样与数字劳动作比较,数字劳动大多以专业的计算机设备或数字技术设备为劳动资料,生产出作为流量劳动对象的网络产品,如此繁复的过程绝非简单的移动设备可以解决;流量劳动基本不具有专业性,需要的是庞大的数据堆积,因此简单的劳动工具更易操作并堆积巨量的数据以形成流量。

通过以上分析可看出,流量劳动以吸附劳动关系组织生产,互联网广袤的空间以及网络设备的便捷等使得其在现实中无处不在,其外延也变得非常庞大。总的来说，流量劳动包括互联网企业的专业劳动、网络平台的线上劳动、数据公司的数据劳动、流量载体的经营性劳动以及网络用户的无酬劳动等。当然，网络用户的无酬劳动是主要的形式。具体而言，流量劳动主要包括互联网上的在线游戏、信息搜索、内容发布、收听劳动、观看劳动，通过这些实践活动将自己的注意力连接进互联网并被互联网流量捕捉，最终生产出流量。流量劳动是以个人的休闲、消费、娱乐或仅仅刷刷存在感等方式介入互联网企业的流量生产中，并以媒介传播信息、接收传递广告、数据引流等流量劳动经常的存在方式实际介入生产流量的系统中，成为流量生产的劳动力。

二、流量劳动的特点

流量劳动可以被看作网民与“互联网自然”进行物质交换的实践活动。通过流量劳动，人们获得了互联网流动的动向和预见，能够借助流量把握或者改变“互联网自然”的发展方向，网民则从中获得了精神和物质的双重回馈。为了实现对流量劳动的深刻认识以及新时代对劳动理论的创新与延展，本研究通过对流量劳动的概念界定和深入探究，将流量生产、流量经济等现象纳入马克思劳动价值论的范畴考察，力图对流量劳动的特点进行深入分析并以此来把握流量劳动的本质。本研究认为流量劳动至少具有以下几个方面的特点。

1.物质性和生产性

凡是劳动，对人而言，都会产生一种获得和消耗。无疑，流量劳动也具有这两种基本特点，具体表现为物质性和生产性。马克思论述，活劳动是指劳动者在物质资料生产过程中对脑力和体力的消耗。[①]人们在生产流量内容的过程中，长时间将注意力集中于网络信息，既要调动生理性注意力获取、阅读信息，也要调动思维性注意力理解、甄别信息，还要调动心理性注意

① 马克思恩格斯全集（第三十三卷）[M].北京：人民出版社，2016：290.

力搜寻自己感兴趣的内容。这个过程是人的身体、脑力和心理的消耗，这是流量劳动作为物质性劳动的一个方面。另一方面，随着流量从偶然性向生产性转向，流量成为互联网企业有计划、有组织、有目的的生产性活动，未来迎合生产目的，必然产生物质效益和物质利益，这是物质性的又一所指。马克思指出："只有创造剩余价值的劳动才是生产劳动。"[①]流量劳动显然能够通过流量表达的网民注意力产生信息引导功能，一方面直接提高互联网企业的营销效率，另一方面作为市场要素参与到实体经济的生产组织活动中。这既是流量劳动物质性的表现，也使得流量劳动能够成为生产性劳动。无疑，包含了注意力内容和注意力数据流向等重要信息的流量对资本主义再生产过程具有重要的生产性意义，是流量经济时代重要的生产要素，这种劳动力可称为使用性生产者，这种劳动则称为产消一体的劳动。

2.被控制性和自觉性

被控制和自觉是一组看似矛盾的关系，却在流量背景下统一于流量劳动中，这也表现出流量劳动的特殊性。一方面，流量大多以庞大的数据形式呈现，而网民上网行为则是各种各样的感性活动，因此网民对于流量生产既是不自知，也是不可知的过程，流量劳动具有明显的被控制性。互联网平台作为全球社会的基础设施，往往建立了参数，决定了受众在行为上和意识形态上，什么是可能的，什么是不可能的。这些生产、金融、物流和消费的物质平台，超越资本主义的目标来重组和重构，恰恰印证了流量时代构成机器的已经不再是那些钢铁和锅炉，而是数字化的界面以及卷入其中的所有受众。"在思辨的边缘，今天资本主义的计算基础设施已经间接地触及其物理学上的极限，高频次贸易的速度战争已经迫使决策者必须在十亿分之一秒内做出决定。更习以为常的发展是，海量的个人数据（购买习惯、旅游模式、浏览历史等）已经与复杂的数学分析结合起来，用来为市场提供预测。新近出现的发展，如无人机送货和自动驾驶，都预示着一个逐渐自动化和计算化的未

① 马克思恩格斯文集（第五卷）[M].北京：人民出版社，2009：347.

来。"[①]流量劳动是一种被控制而不自知的劳动。另一方面,正是因为这种不自知,流量劳动具有广泛的自觉性,甚至很多学者将其认为是人在网上的自觉行为而非劳动。其劳动的属性我们不再赘述,然而网民的自觉性却毋庸置疑。网民被网络吸引,沉浸于自己的消费实践中,甚至以更多的消费实践和消费时间满足着自己的消费欲望,而欲望又强化了消费的自觉,因此整个流量劳动就是网民的自觉行为。

3.时空限制的超越性

互联网本身具有超时空性,甚至有人将互联网称为"界面化生存",即超越时空界限的存在形式。流量劳动作为依托互联网的流量形式,也成为超越时空限制的存在。劳动作为人创造历史的具体作用力,总是印着时代的烙印。因为技术创新对劳动场所、劳动工具、劳动实践等劳动关联系统所产生的改变,劳动在形式上和内容上均会随着时代改变。从农耕时代、工业时代到当前的信息时代,劳动者的劳动场所、劳动工具、劳动实践、劳动资料、劳动时间等都具有明显的区别。流量时代,网民产消一体,移动手机在手,随时随地进行着流量的生产。数字媒体技术和内容的生产实现了完全的自由,劳动空间不再如传统工业时代一样单一存在。比如,手机用户关注某一热点新闻,用手机就可以完成阅读、评论、扩展链接、相关背景或关联事件搜查;如果忘记了,还会有专门的根据算法形成的推送提醒用户继续关注;用户还能随时点击分享给他人,完成该流量的扩大生产。流量经济时代具有更高效便捷的劳动需求,工场管理强调的集中性、组织性、规范性、纪律性被消解,代之对效率的追求,本质上是从过程导向向结果导向的转变。以盈利为目标,资本以流量劳动为介质完成了劳动模式的否定之否定,资本家需要做好前期的投入、设定以及相关的运营,网民能够自发地加入、自觉地劳动、自然地生产流量,这种松散的组织结构突破了时空的界限,使得流量劳动具有时空限制的超越性。

---

① Nick Srnicek. Computational Infrastructure and Aesthetics[M]. Hudson: Sternberg Press, 2015: 308.

三、劳动价值论前提下的流量劳动价值计量标准分析

“时间是马克思的社会发展理论的根本性范畴”[①]，是马克思劳动价值论中衡量价值的基本尺度。作为流量时代价值创造基础的流量劳动，即使在凝结形式上产生了抽象性的变革，但其始终是人类与自然界相交换的人类赖以生存和发展的物质性劳动的一部分。因此，流量劳动符合劳动价值论的一般规律，仍然以时间作为计算价值量的单位和尺度。流量所吸纳的注意力越多，吸附在流量上的流量劳动越多，统计出来的能表示流量的数据越大，则流量价值量越大，反之则越小。如前所述，网民流量劳动的无酬性并未否定注意力的劳动属性，生理性注意力、心理性注意力、思维性注意力分别对应着对人的体力、人的精神、人的脑力的消耗，尤其是在注意力持续集中指向被注意对象时，需要人的大量的劳动付出，这就是为何人们在做完一套高难度试题后会表现出筋疲力尽。事实上，注意力这个词包含两层意思，既指由于关注而产生的一种力量，也指由于要产生力量而花费的关注力。不管何种释义，关注是一种人类劳动，是通过改变人脑的自然状态而进入对“某一事物”专门的看见、听见、理解、思考等一系列人为的有目的的实践活动而实现的。由此可见，产生注意力的专注的过程既有人的社会属性与自然属性的交换而控制自然属性的过程，也有使用专注力的劳动力支出过程。虽然都是在人自身的生物体内完成的，但是其涵盖的人类劳动的过程——人的意识工作与自然界的交换过程、劳动力的支出与使用过程是完整的，因此注意力中所涵盖的人类劳动的“质”——专注力，与人类劳动的“量”——专注力的时间，是完整的。注意力的商品使用价值也正体现于这二者的具体表现，它们构成了流量劳动价值量计算的基本依据。当谷歌、亚马逊、Facebook等大公司对其所占有的数据采取抽取同类或利用相关数据形成相应的数据群进行流量交换买卖时，资本家获取的正是网民无休止的对其网

---

① 古尔德.马克思的社会本体论：马克思社会实在理论中的个性和共同体[M].王虎学，译.北京：北京师范大学出版社，2009：47.

站信息投入的持续且稳定的劳动时间。其中,稳定性(即有效关注)代表劳动的质量,可称为相对价值量,有助于提高流量资本家通过流量经营广告、售卖产品的效率;持续性(即长期关注)代表劳动的数量,可称为绝对价值量,是流量资本家生产流量的基础和保障,只有具有一定的规模的流量才具有使用价值。因此,流量的劳动价值计量标准还必然包含社会性这一命题,即流量劳动必须以社会化为前提。只有具有社会化应用的流量才能叫作商品,才具有进行流量价值量计量的可能。

人是社会化存在,离开社会这一载体,人的存在都将成为一个伪命题。因此,对人的一切问题或关系的考察也应放到社会化范畴中。比如,就人的需求而言,不存在仅满足独立个人的僵化的需要,取而代之的是社会中人的需要。同理,劳动也是社会化存在才有意义,也就是说,社会性劳动才是资本家追求的目标,劳动价值量计算的时间尺度指的正是社会劳动时间。因此,对流量劳动的价值量计算应纳入社会时间范围内加以考察。“乍看起来,社会必要劳动时间,是指我们需要花多少时间去制造一个东西。但是,在马克思看来,它实际上是一个规范,也就是说,是我们必须花多少时间去制造一个价值。因此,在这里,时间不再是描述性的,而是强制性的,是你被迫去符合一个规范。”[①]流量劳动一旦被纳入社会劳动的范畴,某种程度上也进入了被迫的境地,即前面所论述的消费与生产的一体化。然而,在资本力量之下,往往生产更占据上风,个体享受的个人消费时间让位于社会生产时间,网民总是陷入沉迷、上瘾、依赖等精神病症中就不难理解了。总之,被纳入社会化应用场景的网民的注意力生产时间成为流量价值量计算的标准。

四、流量劳动的价值量计算及现实影响

作为流量商品使用价值的注意力是有目的、有计划的生产组织行为生产的成规模的产品。不仅网民的注意力如何被生产、如何被交换、如何被消

---

① Moishe Postone,康凌.重读马克思:关于“时间”与“劳动”的省思——Postone教授访谈[J].杭州师范大学学报(社会科学版),2012(5):39-43.

费是组织生产中的劳动付出,而且网民注意力本身也不再是自在行为,更大程度上是劳动付出的生产性注意力。值得注意的是,在信息爆炸甚至泛滥的互联网社会,注意力稀缺决定注意力成为实现商品交换的基础,流量劳动主要指网民注意力的流量劳动,加之网民数量巨大,为流量生产所产生的服务性劳动量与之相比,几乎可以忽略不计。但是时间总是有限的,这使得网民的注意力总是缺乏稳定性与持久性,因此长久且持续的注意力获取显得尤为稀缺。当下是一个一切事物持续商品化的全球化过程,包括文化、智力、信息和多样传播形式,这些类别逐渐成为信息社会的根本。互联网企业通过数字技术、互联网流量、云计算等信息通信技术在海量信息的社交媒体、网络平台、互联网角落捕获流量,使零散的注意力汇集、使泛滥的信息被贴上流量带来的辨识度、使网民的时间内嵌于流量数据。经过对数据的梳理,杂乱的互联网逐渐展现出由互联网流量引导的有序性,网民时间以一种更为有序的状态被互联网企业控制,或者说,互联网企业以掌握互联网流量的方式操控着网民的注意力劳动,数据成为流量价值量的外衣,也成为计算流量劳动价值量的外衣。

“这种对时间和时间性的社会操纵,也是资本主义的一个基本特点。”[①]这就意味着:“价值量由劳动时间决定是一个隐藏在商品相对价值的表面运动后面的秘密。”[②]资本家以购买劳动力的价格实际占有工人的劳动时间并尽可能地将这个时间转化为商品实现价值,这就成为资本主义生产方式下劳动的宿命。流量劳动很大程度上是以免费劳动的形式出现的,网络受众则是免费劳工(甚至有人用“网奴”这个词来形容)。流量劳动可以说是资本对数字时代所裹挟其中的一切人的操纵,因此流量劳动看似自发自觉,但是具有毋庸置疑的被控制性。流量劳动从一开始就是资本家组织生产的过程,实现对网络受众时间占有的设计,这种被控制客观上促使流量劳动摆脱

① 大卫·哈维.跟大卫·哈维读《资本论》[M].刘英,译.上海:上海译文出版社,2014:154.

② 马克思恩格斯文集(第五卷)[M].北京:人民出版社,2009:92-93.

了个人劳动的范畴。流量劳动也因此被纳入整个社会生产过程，成为资本主义大生产中一个重要的环节，具有社会劳动的属性，当以时间作为计算流量劳动价值量的尺度。流量劳动的价值计算，尤其是在量的积累上，可以说是全社会个人闲暇时间总和的无限接近，直至完全占有，实现个人时间的社会价值最大化。然而，由于流量劳动本身就是一种消费时间，没有承载劳动者生存的必要劳动时间，可以说，流量劳动是完全的绝对的剩余。因此，流量劳动的计算更为简单和单一，是一种纯粹社会劳动时间。

"资本本身是处于过程中的矛盾，因为它竭力把劳动时间缩减到最低限度，另一方面又使劳动时间成为财富的唯一尺度和源泉。"[①]资本家致力于提高生产率，缩短工人以消费资料价值组成的必要劳动时间，进而为剩余价值生产争取更多的自由时间，这是资本家在这种矛盾中实现的"双赢"。就流量生产而言，由于网民的流量劳动组成中只有几乎可被忽略的必要劳动时间，流量劳动也就不存在对必要劳动时间的压缩，而只需实现转化：自由时间转化为劳动时间，消费时间转化为生产时间。然而，由于流量劳动属于完全的绝对剩余价值，同时其被控制性与自觉性完美结合，使得劳动时间与自由时间的对立被消解，资本家只需要在受众可承受的范围内无限地延长劳动者的工作时间即可实现剩余价值最大化，因此流量劳动的总体质量总是趋近于无限大，直至社会承载不了或者网络"免费劳工"自身承受不了。

第四节 流量拜物教的生成机制

随着信息技术革命使互联网技术更加成熟，接入网络变得更加容易和便捷，网络中的信息流动变得更加频繁、快速，这种巨大的自然流量的产生使商品流量生产成为可能，并最终通过互联网商业行为实现其商品价值。网络技术的不断革新也为流量生产提供了更好的技术支持，特别是各种新兴技术或者应用的广泛使用客观上助推了流量的生产，流量从信息技术领

① 马克思恩格斯全集（第三十一卷）[M].北京：人民出版社，2016：101.

域转向经济领域,转变成互联网商业中炙手可热的商品。凡是商品,必然具有拜物教性质。当网民劳动以流量数据这一物的形式表达劳动的等同性并通过流量变现的形式直观地表现出来,当网民群体持续注入的劳动时间取得了流量数据的价值量的形式,当流量占有者——互联网企业对数据的控制取得了以流量为内容的社会关系的形式,实际上,流量就已经超越了其使用价值,成为某种神秘关系的内容形式。正如马克思所说:"商品形式的奥秘不过在于:商品形式在人们面前把人们本身劳动的社会性质反映成劳动产品本身的物的性质,反映成这些物的天然的社会属性,从而把生产者同总劳动的社会关系反映成存在于生产者之外的物与物之间的社会关系。"①流量商品化的过程本质上反映的是网民、互联网企业、互联网公共资源、互联网意识形态等一系列的生产之外的社会关系的变革。当消费者需求在这场互联网技术变革中越发强烈,海量信息让有用信息沉没,甚至产生了大量的垃圾信息,信息筛选、信息分类则成为大众所需。其中既有普通网民对兴趣爱好、知识学习、生活便利的需求,也有企业商家对目标客户、消费市场、供应链等商业信息的需求,正所谓"消费也媒介着生产",流量的消费需求使流量生产成为必需,流量的崇拜不过是这种必需在人脑中的反映。

市场需求的增加促使流量商业化进程不断推进,一种新的商业模式——流量经济应运而生。一方面是流量的商品化,即流量以商品价值为起点,成为生产方式的核心并围绕这一核心形成一个以追求价值增殖为目的的资本不断积累、循环、再生产、再积累……的闭环,使流量超越其信息技术范式、超越其商品属性,成为具有可以反映人与人生产关系的制度权力,甚至政治权力。另一方面是商品的流量化,即商品依附于互联网流量顺利实现其价值,不断提升商业流通领域的效率,促进再生产,最终使资本在新的商业模式之下实现其价值增殖的生产目的,将技术领域的信息流量裹挟进资本范畴体系之内,实现资本的流量化。流量与商品二者的结合使彼此的价值互相强化:流量因此具有更广泛的用途,其商业价值被不断地耕作;数

① 马克思恩格斯选集(第二卷)[M].北京:人民出版社,2012:123.

字经济、实体经济以及金融资本皆因流量的席卷而拓宽了营销路径，增加了经营范围，提升了运营效率。整个经济社会对流量的膜拜也因此不断强化，流量拜物教在互联网这片热土上广泛传播，依托流量经济的各种商业模式层出不穷。以北京字节跳动科技有限公司为例，随着流量为其赢得巨大的成功，该公司内部也开始蔓延“数据崇拜”。抖音用户增长员工向时代财经表示，公司在做战略决策时，通常的做法是用算法模型测算项目的产出比，再通过数据来验证该项目是否要继续。抖音的缔造者张楠也深受算法思维的影响，她曾公开过字节跳动对人才筛选的方法论，通过自然语言处理（NLP）技术结构化提取信息，形成一个个标签，完成对上百万份简历的迭代。可见，流量拜物教成为流量时代的典型特征，其影响的边界正在不断地扩大。

本章小结

本章立足于马克思《资本论》研究三大视角的第一阶段，从历史唯物主义的视角考察了流量资本的起点——流量商品。考察流量资本的商品形态，既是对马克思《资本论》研究视域历史唯物主义品质的回应，也是对流量资本问题客观事实的充分调查，并以大量的现实数据和案例对研究进行了充分的实证说明。本章完成的研究任务主要包括：第一，将显性的网民注意力使用价值作为切入点，充分考察注意力背后网民脑力和体力消耗的劳动过程，揭示出流量商品的使用价值和价值。第二，运用“具体—抽象—具体”的科学思维方法，在具体的广告、网络平台、网红等流量变现形式中研究流量商品的交换过程，论述了流量商品的价值形式问题。第三，总结流量商品的理论本质与现实问题，阐述了以流量拜物教为基础的流量资本主义社会意识形态。

第四章 流量从商品到资本的转化逻辑

历史上，资本起初是以货物财产的形式被人们所认识，也以新兴的商人资本、高利贷资本的姿态与传统的以封建地产为核心的财富相对立，成为资本主义萌芽的先头兵。正如马克思所说："每一个新资本最初仍然是作为货币出现在舞台上，也就是出现在市场上——商品市场、劳动市场或货币市场上，经过一定的过程，这个货币就转化为资本。"①货币与资本的关系因价值联结不足为奇，然而这个过程何时发生、为何发生、何以发生、发生的依据却值得我们进一步探究。本章将运用马克思《资本论》研究视域在层层递进中表现出的动力机制，探讨流量从商品形态转化为资本形态的历史条件、现实依据和实践基础，为资本、剩余价值、社会发展步入下一个阶段进行理论准备。

第一节 转化的历史前提：流量经济时代的到来

"商品流通是资本的起点。商品生产和发达的商品流通，即贸易，是资本产生的历史前提。"②马克思曾经围绕19世纪三四十年代资本主义生产方式在主要欧洲国家的运行考察了资本主义产生的历史条件。本研究以流量经济时代为主题，通过详细阐述流量商品贸易的基本概况与发展趋势、流量载体的现实表现等，阐明流量资本产生的历史条件。

一、流量商品贸易与趋势分析

19世纪三四十年代，资本主义生产方式已然是英国、德国、法国等主要

① 马克思恩格斯文集（第五卷）[M].北京：人民出版社，2009：172.

② 马克思恩格斯文集（第五卷）[M].北京：人民出版社，2009：171.

欧洲国家具有统治地位的生产方式,工业革命的不断推进所呈现出来的巨大生产力使得历史主动选择机器大工业代替工场手工业、先进的资本主义生产方式代替落后的封建主义生产方式。频繁的商品交换、资本主义贸易的蓬勃发展使得货币流通不断加速,货币开始超越其货币本质而成为生产要素,为"买"而"卖"的商品交换也渐渐转化为"卖"而"买"的资本循环,资本主义生产关系出现。马克思以历史唯物主义的视角洞察这些历史现象并对这些感性材料进行了抽象的理性思维分析,最终探究出围绕资本展开的生产关系。频繁的流量交易、流量变现、流量生产以及流量崇拜促进了流量经济的到来,围绕流量展开的生产经营模式席卷互联网。数据流量成为新质生产力的要素,使得历史再次主动选择资本拥抱流量,流量资本随之产生。现实世界的历史性变化并没有改变资本的基本逻辑,资本在逐利驱使之下组织生产的这种生产方式并没有消失,资本主义固有矛盾依然存在。本研究对流量资本的分析正是对这种现实的辩证关系的展开。实际上,伴随着以流量为核心的商品流通与商品贸易,学者们已经从计算机与互联网的历史、互联网意识形态、电脑游戏、网络无产阶级、数字资本主义、黑客文化、社交媒体、数字劳动、云计算、数字化大众生产等方面研究流量以及与之相关的现实问题。

当前,互联网经济呈繁荣之势,以流量为核心的商品贸易更是以数字生产要素的绝对优势席卷互联网。据测算,2022年,我国网络经济指数达2739.0,比上年增长39.6%。从主要构成指标看,截至2022年底,移动互联网用户数、固定互联网宽带接入月户数分别达14.6亿户、5.9亿户,分别比上年增长3.0%、10.1%。当年移动互联网接入流量达2617.6亿GB,比上年增长18.1%。以网络强国和数字中国建设为契机,网络基础设施不断优化升级,5G网络、千兆光网等新型信息基础设施建设使得上网更加便捷方便,流量数据规模随着网民规模攀升而不断攀升。流量经济呈现优势更优的"马太效应"。以全国网购替代率[①]为例,2022年该数据攀升至80.7%。具体的经济贡

① 网购替代率,指线上消费对线下消费的替代比例。

献指数也从另一个维度说明了流量贸易的繁荣。数据显示，2022年我国经济发展新动能指数（以2014年100的基数向上叠加）为766.8，比上年增长28.4%，而网络经济指数增长最快，对总指数增长的贡献最大。目前，流量经济正以互联网提供给用户使用的各种软件、平台、服务和功能等应用为基础不断吸引网络用户，不断扩展包括搜索引擎、即时通信、在线视频、在线音乐、在线游戏、在线阅读、在线教育、在线医疗等为载体的数据流量池，成为引导新质生产力发展的重要基石。有学者甚至将数据流量引导视为第四次工业革命的重要内容，流量商品的繁荣与贸易将深远地影响并改变我们的时代。

二、流量商品的载体形式及分类

根据中国互联网络信息中心（CNNIC）第51次《中国互联网络发展状况统计报告》和各行业产业关于互联网经济、流量经济、网红经济的相关数据报告，对目前经济社会中的流量商品进行了梳理、整合，总结出以下几种最为普遍的流量载体。

1.基础应用类

（1）即时通信。即时通信是指能够即时发送和接收互联网消息等的业务平台或服务，如微软、腾讯、AOL、网易云信、Yahoo等都是重要的即时通信提供商。当前，即时通信供应商都提供通过手机接入互联网即时通信的业务，用户可以通过手机与其他已经安装了相应客户端软件的手机或电脑收发消息。在服务商业化方面，即时通信企业通过多种途径强化产品的变现能力。一是“视频号”为即时通信平台拓宽了内容变现形式，二是“小商店”为即时通信平台拓展了线上零售能力，三是搜索广告有望成为即时通信平台新的收入来源。未来，随着即时通信广告业务的持续发展，搜索广告也有望被纳入其业务生态。

（2）搜索引擎。截至 2022年12月，我国搜索引擎用户规模达8.29亿，占网民整体的80.3%，形成了许多著名的以搜索为核心业务的互联网企业。中国主要有百度、搜狗、好搜、必应、360搜索、谷歌中国等，国际上主要有谷歌、微软、苹果、Yahoo、Ask、维基、DuckDuckGo、Aol、Yandex、WebCrawler、WolframAlpha等。据统计，2022年，占国内搜索引擎市场份额超80%的百度，全年核心搜索业务营收954亿元；国外的搜索引擎巨头谷歌在以搜索引擎为核心的谷歌服务（Google Services）中的总营收为678.38亿美元。可见，搜索引擎是流量价值形式的重要载体。

（3）网络新闻。网络新闻以数字技术为依托，在视、听、感方面突破传统的新闻传播的视听局限，给受众以全新的体验，成为近年来活跃在互联网知识产业中的重要内容引领者。据统计，截至2022年12月，我国网络新闻用户规模已经达到7.83亿，占网民整体的73.4%；手机网络新闻用户规模更是持续增加，达到5.18亿，占移动网民的78.9%。网络新闻将无序化的传统新闻传播模式进行有序化整合，通过压缩信息厚度节约了新闻承载空间，并能以更多的资源着眼于新闻的新奇与丰富。同时，借助算法技术等精准投放，使网络新闻的受众与新闻内容之间产生更大的黏性，大大提升了新闻阅读和传播的效率，以心理性注意力为主吸引大量的网民，成为流量商品价值形式的重要载体。

2.商务交易类应用

（1）网络购物。根据商务部数据，2022年，全国网上零售市场规模达13.79万亿元。同时，随着乡村振兴战略、对外开放战略的持续发力，农村电商和跨境电商规模不断扩大，分别达到2.17万亿元和2.11万亿元。不仅网络购物持续呈现增长趋势，网民消费渠道也在不断丰富。一方面，淘宝、京东引领的传统电商平台依然是人们的首选；另一方面，随着数字应用效率提升而形成的短视频、社区团购、社交平台等新型购物方式也日益扩散并广受网民欢迎。网络购物产业的发展极大地提升了流量的使用价值，提高了流量价值形式实现的效率。

（2）网上外卖。截至2022年12月，我国网上外卖用户规模达5.21亿，网上外卖市场规模呈现持续增长的态势。从2018年算起，我国网上外卖市场规模增长率高达55.05%。可见，网上外卖不仅是电子商务交易类重要的应用成果，更成为很多人的消费习惯与生活习惯，而流量在其中的应用场景也非常丰富。

(3)网络支付。中国互联网络信息中心(CNNIC)数据显示，截至2022年12月，我国网络支付用户规模高达11亿，占网民整体的85.4%，较2021年12月增长781万。不管是从总量还是增长速率而言，网络支付对流量价值形式实现的助力都值得期待。随着网络支付场景不断拓展，网络支付体系和支付手段持续创新，惠民生工程继续推进，网络支付将为流量变现提供更多的实现途径。

(4)在线旅行预订。截至2020年12月，我国在线旅行预订用户规模达3.42亿，较2020年3月下降3052万，较2020年6月提升5596万，占网民整体的34.6%。新冠疫情给旅游业带来了极大的挑战，但是随着疫情减缓，从2023年发布的数据可见，在线旅游预订的市场规模逐渐回暖和攀升，在线旅游产业的流量生产效率也将随之增强。

3.网络娱乐类应用

(1)网络游戏。截至2022年12月，我国网络游戏用户规模达5.22亿，占网民整体的48.9%。尚普咨询的数据显示，2022年全球网络游戏用户规模为28.7亿，同比增长0.7%，全球游戏市场收入为1844亿美元，预计全球网络游戏用户规模将继续增长，2023年达到29.2亿。网络游戏提供客户端游戏、网页游戏、移动游戏、主机游戏等主要类型，是一个充满活力的产业。尤其是经常“出圈”的爆款主机类游戏，是实现流量激发的重要载体。

(2)网络音乐。截至2022年12月，我国网络音乐用户规模高达6.84亿，占网民整体的64.1%。虽然2022年用户规模出现小幅度下滑，但近年来用户内容付费习惯逐步养成，版权付费收入成为网络音乐平台重要的收入来源。根据网易云音乐招股说明书公布的数据，2016—2020年我国在线音乐市场呈快速增长态势，原创音乐扶持成为平台构建内容新秩序关注的重点，也是平台吸引流量的重要渠道。

(3)网络文学。截至2022年12月，我国网络文学用户规模达4.92亿，占网民整体的46.1%。随着网络文化娱乐行业联动的日益密切，网络文学业务越发受到大型互联网企业的重视。2023年上半年，我国网络文学行业持续平稳发展。产业生态的完善和人工智能技术的引入，尤其是生成式人工智能，有望给网络文学作品带来新的创作方式，势必大大提升网络文学吸流引流的效率，成为流量生产的新热点。

(4)网络视频。根据《中国网络视听发展研究报告(2023)》，截至2022年12月，我国网络视听用户规模达10.4亿，网络视听网民使用率达到97.4%。网络视频已成为第一大互联网应用，也是吸引网民"触网"的首要应用。据统计，2022年泛网络视听市场规模超7000亿元。近年来兴起的短视频，用户规模持续增长。以长短视频有序竞争，背靠优质精品内容，网络视频平台商业模式进一步成熟，吸流引流潜力巨大。

(5)网络直播。截至2022年12月，我国网络直播用户规模达7.51亿，占网民整体数量的70.3%。网络直播包括电商直播、游戏直播、真人秀直播、演唱会直播等方式，既丰富了互联网产业生态，也为互联网生活提供了更具有交互性的生动应用，成为近年来流量生产的重要载体。尤其是网红主播往往拥有庞大的粉丝群体，因此其自身就是一个流量载体，其吸流引流的能力甚至可以影响行业发展。

三、流量经济时代的到来

从互联互通到人工智能，从信息爆炸到互联网流量算法盛行，网络在技术革新中日益成熟并改变着人们的生活方式、行为习惯甚至思维和认知模式，网络社会像一张铺成的大网将普罗大众网罗其中且不能自拔。截至2000年，美国政府已经连续发布了3期数字经济报告。世界各国纷纷用数字经济代替信息经济、知识经济等新经济形态，以更加精准的表述强调基于计算机技术的以信息数字化为核心的新经济系统。随着信息数字化对经济生活的深度介入和重塑，一些依托于数字经济并呈现出新特点的经济形态相继出现，流量经济无疑是数字经济中的新宠。且不说每天吵着要上"热搜"的娱乐明星们，且不说嗅着流量来实现巨额回报的资本大鳄们，人民日报社所属的有关机构自2006年起就开始探索智能搜索引擎和网络舆情研究，并于2008年正式组建人民日报社网络中心舆情监测室。《2016中国电商红人大数据报告》显示，2016年网络红人产业预估产值580亿元。据新浪微博与艾瑞咨询2017年发布的《中国网红经济发展洞察报告》，2017年粉丝规模在10万人以上的网红人数较去年增长57.3%，网红粉丝总人数达到4.7亿人，中国网红经济进入高速发展期。根据第45次《中国互联网络发展状况统计报告》：从互联网应用资源来看，截至2019年12月，我国网站数量为497万个，网页数量为2978亿个，国内市场上监测到的App数量为367万款；从互联网接入来看，截至2020年3月，我国网民规模为9.03亿，人均每周上网时长为30.8小时。海量信息正是这些巨大数字背后的相互叠加和融合，是平方、立方甚至N次方制造出来的信息流。单个信息已经不足以在互联网海量信息中被识别，因为单个或少量信息很容易被淹没、消解进而变得无足轻重，唯有将单个信息无数次地叠加形成新的力量——流量，才可以被识别，因此流量产生并开始盛行于网络经济。

社会历史条件的变化是马克思主义理论产生的现实依据，是马克思《资本论》研究方法的起点。纵观今天的网络流量，其早已突破了香农在信息价值论中的技术性内涵，成为拥有使用价值和价值的商品。一方面，基于卡斯特的网络社会理论，伴随着“技术-社会”互构的视角，广大网民在网络社会中尽情驰骋的同时也在生产着以注意力为核心的使用价值，为流量得以成为商品进而进入流通领域完成交换创造了物质属性；另一方面，在广大网民狂欢的同时，原本个性化的网络享用转化成社会化的劳动，不同“质”的劳动量凝结于注意力之中，成为流量商品的价值基础。在此，巨大的社会化劳动时间构成了流量商品巨大的经济社会价值，资本也在其中嗅到了金钱和利益的味道，开始形成了围绕流量角逐而形成的流量资本。美国 YouTube 教化妆的越南女孩 Michelle Phan 在转型做美妆礼盒订购平台 Ipsy 时，在2015年9月B轮拿到了TPG领投的1亿美元融资。被称为“2016年第一网红”的papi酱，凭借原创短视频内容在网络上获得一定的关注度，成为自带流量的超级红人，仅2016年就融资1200万元，市场估值达3亿元。流量从技术内涵到商品内涵，流量生产从技术范式到商业范式，一种以流量为核心的新的商业模式在互联网兴起。流量变现、直播带货、电商引流、各类爆款、热门头条等运作机制开始被频繁提及并使用，网红经济、平台经济、带货经济等成为这种商业模式中的特殊产品疯狂扫荡着互联网社会，流量经济已然成熟并成为一种新的经济形态引领经济社会的发展。

第二节 转化的现实基础：网民的产消一体化

马克思在《资本论》中将劳动和劳动力区别考察是一种历史的进步，既充分论证了劳动的无限性与劳动力的有限性之间的对立统一关系，也实现了对资本主义古典政治经济学的突破，解决了英国古典经济学代表李嘉图的价值难题，表现出马克思主义理论的创新性。劳动力买卖中隐藏的价值陷阱是资本实现羽化的现实依据，无疑，网络劳工的出现也为流量资本的产生提供了现实可能性。

一、网民及其网络存在形式

"网民"这个词在学界有丰富的内涵，但是鉴于流量生产本身就是一个宽泛的场景，本研究所指的网民采用的也是一个宽泛的概念，即所有通过各类终端连接互联网进行网络活动的人。据新浪科技2021年1月27日晚间消息，一份报告显示，截至2021年1月，全球手机用户数量为52.2亿，互联网用户数量为46.6亿，而社交媒体用户数量为42亿。同时，报告显示，世界人口数量为78.3亿，因此网民人数占世界人口近60%。可见，网民人数庞大是网民最基本的特征，也为流量资本的产生提供了大量的免费劳动力资源，是流量资本产生的前提。以我国为例，据第51次《中国互联网络发展状况统计报告》，截至2022年12月，我国网民规模已达10.67亿，较上年增加3.4%，呈现规模大、增速快的特点。这意味着，网民规模不断壮大且人群在不断地更新。据报告显示，2022年互联网普及率达到75.6%的水平，农村网民规模为

3.08亿，城镇网民规模为7.59亿。虽然城镇网民较农村网民数量翻了一番，但是考虑到加速的城镇化进程以及农村网民本身的巨大规模，我国网民分布仍然呈均匀趋势，网络受众层次丰富。另外，50岁及以上网民群体占比大大提升，已至30.8%，这是伴随着人口老龄化以后的新趋势，也体现了网络社会与现实社会的同步发展趋势。从具体的流量数据看，2022年全年移动互联网接入流量达2618亿GB，较2021年2216亿GB增长18.1%。可见，互联网流量与网民同步增长且增速更大。目前，我国网民整体由不同地区、不同职业、不同性别、不同年龄的网民构成，网民结构丰富，用户基础广大，这将大大有利于流量型数字消费活力的持续释放，促进流量经济大力发展。

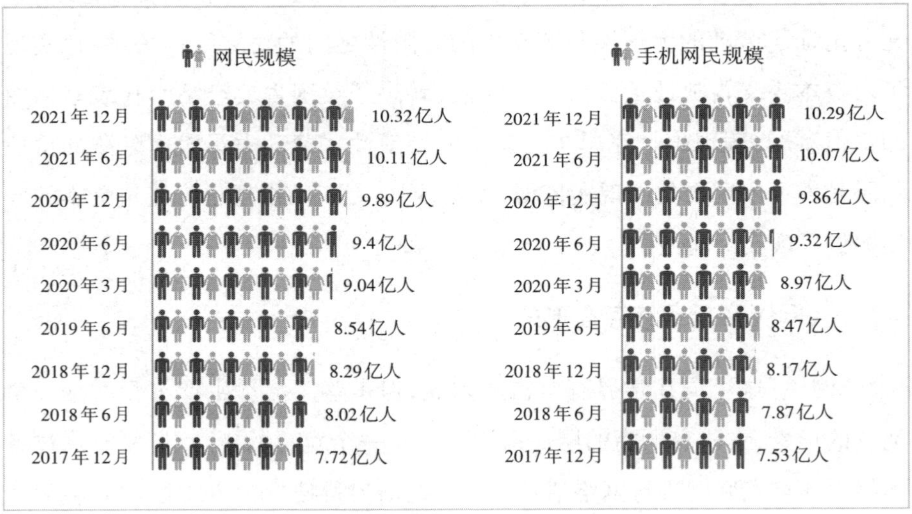

图4-1 2017—2021年中国网民规模及手机网民规模情况①

网民不仅数量庞大，近年来还出现年龄结构丰富、行业结构多元、网络依存度高、互联网接入便捷等特点，尤其是方便的互联网接入大大促进了网民群体的不断壮大与发展。图4-1为2017—2021年中国网民规模及手机网民规模情况。如图所示，网民人数逐年提升，且提升幅度较大。随着手机网

① 2021年中国数字零售行业投融资现状分析[EB/OL].[2022-05-12].https://www.chyxx.com/industry/1108356.html.

民人数增加,网民接入互联网变得更加快捷方便,流量商品的生产也将加速、增产。网民接入模式的特点为流量资本的生产夯实了强大的劳动力基础,促进了流量资本的产生。

综上所述,信息通信技术与传统产业的结合产生了巨大的生产力,客观上为广大普通民众享受自由支配时间提供了物质保障,加速了网民群体的形成和发展。同时,借助网民的关注和点击形成的高速的、频繁的信息传输以及呈指数级增长的流量数据,使原本属于精神层面的、不可见的注意力在流量数据的支持下变得清晰可见并可量化。可见,网民本质上是注意力的承载者,以注意力支撑着传统网络经济中的网络效应、网络外部性等经济规律在流量经济中运行并发挥作用,使传统网络经济中的路径依赖、锁定、正反馈等一系列技术手段的运用有了发挥作用的平台,保障了流量经济的持续发展并成为一种全新的商业模式而受到追捧,加速了流量与资本的结合。

随着网民群体的产生,网民的网络存在形式也日渐清晰。网民的网络存在形式具有明显的实践性特点,成为流量生成趋势研究的重要参考。网民的网络存在形式主要是指网民以何种形式或者实践活动参与互联网各类应用且存在于互联网大环境中。广义的网络存在形式多样,包含网民在网络中所有的实践、行为和意识。从功能上讲,网民的网络存在形式包括日常生活、工作、学习、娱乐等;从互联网应用的类型上讲,网民的网络存在形式包括网站、网页、网络游戏、网络社区、网络平台、移动平台、移动小程序等。然而,由于本研究讨论的流量资本以吸附劳动的形式对网民的网络生存进行了一定的干预和控制,网民的网络存在形式与广义的自在的存在有一定的区别。为了更清晰地了解网民的流量生产情况,本研究讨论的网络存在形式仅指生产性流量引导下的网络存在,采用吸附劳动的吸附载体界定网民的存在形式。事实上,这也是对网民流量生产过程更为聚焦的内容考察,这些存在形式是流量生产的不同途径,代表着流量商品不同的使用价值和应用场景。互联网应用众多,网民在互联网上的活动形式多种多样,决定了其存在形式也多种多样,如图4-2所示,包括即时通信、网络视频、短视频、网络支付、网络购物、搜索引擎、网络新闻、网络音乐、网络直播、网络游戏、网络文学、网上外卖、网约车、在线办公等。网民的网络存在形式不是单一的、绝对的、僵硬的，相反，其表现出现实的多样性、联系性和变化性。一方面，网民一般不会只存在于一种活动场景，如网络支付，实际上网民是同时存在于网络支付、网络购物或者网上外卖等多个场景中，同时，这些场景之间也是相互联系的，因此有人将互联网称为一个社会存在，是一个相互交织的、联系的整体和系统。另一方面，网民的存在也非绝对僵硬的存在，而是不断变化的，且这种变化总是频繁发生。网民经常在前一秒沉溺于某短视频，后一秒切入QQ音乐；刚才还在网络游戏中厮杀，现在已经在网约车应用上联系了出租车。网络应用的多样性给网民提供了各种功能体验，促使网民总是存在转变体验感或者丰富体验感的欲望；网络应用之间便捷的切换，更是为这种转变提供了助力，使想象很快能够联结现实。这正是网民的互联网实践活动存在形式的基本特点。

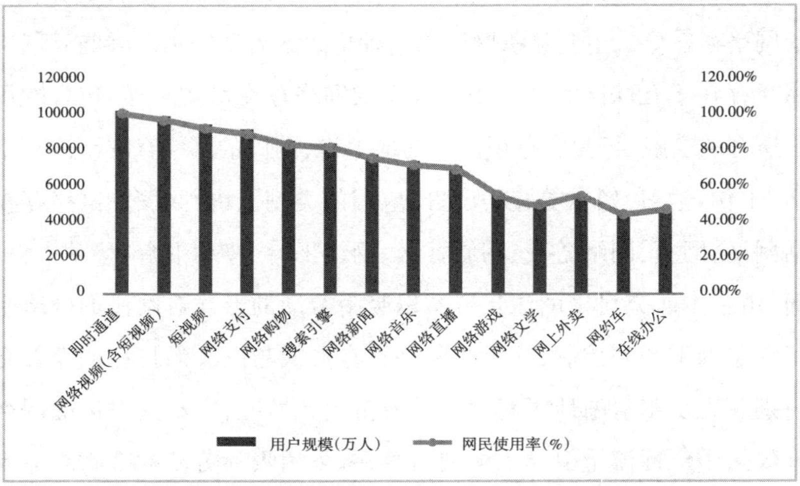

图4-2 2021年中国各类互联网应用用户规模和网民使用率①

① 2022年中国互联网市场应用现状与用户规模分析[EB/OL].[2023-02-12]. https://bg.qianzhan.com/report/1108356.html.

二、网民产消合一的网络存在形式

产消合一的概念很早就产生了。正如马克思在劳动力商品中论述的，同一生产过程，资本家消费购买的劳动力，劳动力与生产资料结合生产商品。可见，产消合一的过程早已存在。作为网民网络存在形式的产消合一，其最大的特点是，主体始终是网民。消费是网民的主观行为，生产是网民消费的客观结果。正如在吸附劳动中提出的，流量劳动由于不具备任何契约关系，原则上讲不应有必要劳动与剩余劳动之分，因此将流量劳动归结为产消一体的劳动。实际上，产消一体只是网民网络存在的一种形式。一方面，就网民的主观行为而言，各类应用场景与平台是网民具体的存在形式；另一方面，就客观的流量生产过程而言，产消合一的劳动过程才是网民网络生存中真实的存在形式。网民劳动创造的价值可以看作网民网络化生存的成本，其中既包括网民自身的现实生存成本，也包括接入网络及网络应用的硬件设施成本、软件设施成本，还包括网民上网过程中对心理和精神的消耗、网络技术更新中学习的投入等，甚至包括网民上网时间的机会成本。可见，支撑网民实现网络化生存的价值实际上是巨大的，且需要持续的投入。网民以生产性流量劳动补偿各类成本投入，构成产消合一网络存在形式的生产过程。也因此，作为流量生产者的网民也是互联网消费者，消费互联网的各类硬件和软件资源，构成产消合一网络存在形式的消费过程。只是，网民消耗所带来的价值成本往往由网民自行承担，这一价值也因作为劳动力的网民没有进入商品交换领域而不能取得实际的价值形式。网民的价值只是一种实际的消耗，既缺乏价值量计算的依据，也不具备价值量计算的动机，成为模糊的劳动力损耗概念。但是结果并不论证客观事实，实际上，以流量载体为核心，网民以产消合一的网络生存形式构筑了网民的"何以存在"的价值基础和物质保障。本研究将以互联网最广泛的应用之一短视频为例作详细说明。

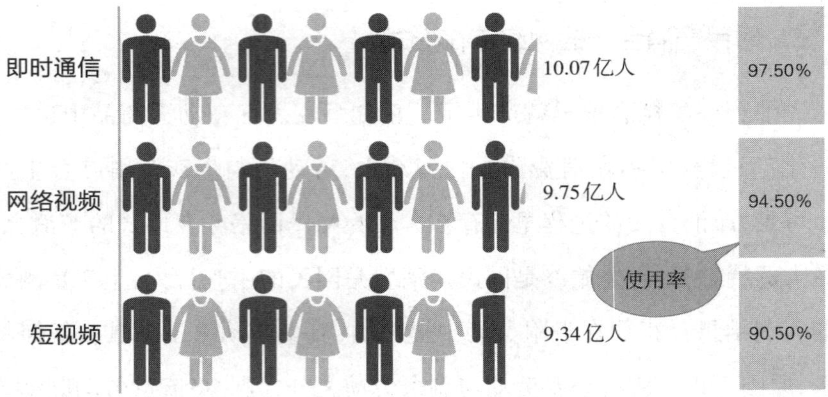

图4-3 2021年中国网民上网的应用使用率及用户规模①

如图4-3所示，根据智妍咨询提供的数据，目前国内网民在互联网最普遍的存在形式是即时通信、网络视频和短视频，分别占网民上网应用使用率的97.50%、94.50%和97.50%。本研究以其中的短视频为例，详细分析网民在短视频应用场景中的产消合一的存在形式。第一，短视频呈现用户规模增长快速、全民化应用广泛的特点。短视频用户规模在2022年底首次突破10亿，使用率高达网民整体的94.8%，网民在互联网的生存既有数字化的体验感，也有短视频等联结带来的现实感，这是网民选择集聚短视频进行网络实践的基础。第二，短视频持续带来更加多元、优质的直播内容，直播生态与运营体系较为成熟。以直播产业发展为契机，短视频公司不断丰富内容供给，拓展直播边界，显现出多元化直播趋势，如线上招工、非遗传承、助农惠农、知识普惠、线上相亲等均是较为成熟的直播方式，使得网民的网络化生存与现实生活愈加贴近，也使得网民的主观消费与客观生产结果之间的联结更加紧密与协调。第三，短视频与电商融合加速，逐步完善了电商产业生态，也为网民的网络化生存注入了更为丰富的商业氛围感。据统计，2022年6月，短视频翘楚抖音短视频播放量较去年同期增长44%，

① 2021年中国互联网网民规模及互联网普及率情况[EB/OL].[2022-03-09].https://www.chyxx.com/industry/1100899.html.

带来的商品交易总额增长则为同期的161%；另一短视频企业快手2022年第三季度商品交易额也高达2225亿元，同比增长26.6%。近年来，“内容+流量”的电商模式不断成熟和丰富，用户规模与用户黏性不断增长，短视频与直播、教育、电商、旅游等行业结合并互相累积附加值，使得短视频日渐渗透至互联网生活的全部场景，成为深度影响网民互联网存在的典型应用。可见，短视频的广泛传播是以短视频超强的流量承载能力与网民在短视频中愉悦的消费体验为基础的。短视频应用成为网民广泛接受的网络生存形式。

综上可知，产消合一的网络存在形式既为资本积聚流量、以流量生产的外壳展开资本扩张提供了现实的可能性，同时网民产生的主观消费体验遮蔽了流量生产过程，使资本以吸附劳动的形式占有流量商品的完全剩余价值、实现资本增殖成为可能。正如劳动力成为商品是产业资本实现转化的前提，网民产消合一的网络存在形式是流量资本实现转化的前提。

三、网民的生产行为与价值创造

如果把网民看作无酬的劳动力商品，那么网民的使用价值则是支配个体注意力的流量劳动，是网民通过互联网各种听力劳动、观看劳动、体验劳动、沉浸劳动、说话劳动、交际劳动等生产出来的可被捕捉到的注意力。如前所述，流量数据因承载注意力而具有使用价值，其价值量基础则是广大网民在互联网上大量的流量劳动时间。网民在上网过程中借助自己的身体器官进行听力劳动、观看劳动、触摸劳动、认知劳动、想象劳动等劳动表达，关注到了某事物，也正是网民的听力劳动、观看劳动、触摸劳动、认知劳动、想象劳动等构成了流量商品中劳动力的耗费。注意力中所涵盖的人类劳动的“质”——注意，与人类劳动“量”——注意的时长，此二者完整地构成了网民生产行为的具体内容，也实现了网民流量生产中的价值创造。

就“质”而言，观看是流量劳动最有效率的劳动形式，也是注意力劳动的核心与主导，因为视觉是人们最广泛使用的注意方式。正如前面所呈现的，视频用户规模扩大，短视频成为人们在互联网中重要的生存载体，网民经心理层面的挑选、甄别、识别、搜索等不断调动自己的视觉器官捕获网络信息，最后再将这些信息进行思维层面的加工，进而产生外显性的注意行为。显然，以注意力输出为核心，流量劳动具有特殊的功能并生产出以注意力为使用价值的流量商品。“人的延展性的认知劳动或数字劳动，该劳动过程与认知加工合二为一。劳动者通过更加快捷的数字工具对数据进行加工、反馈、识别和操作，持续投注注意力。在这个意义上，数据劳动体现了以往劳动形式表露的认知性的最充分的发展……认知加工由此直接体现为劳动活动。”[①]这个劳动活动在流量商品生产背景下，就表现为网民的流量生产行为。

就“量”而言，正如学者们所说：“媒体网络生产并出售给广告商的商品是观众的观看时间，而这种商品是由网络和观众本身的劳动共同生产的。”[②]凡是劳动都是一定量的体力和智力损耗，并且以时间为计量标准。流量劳动，包括听力劳动、观看劳动、触摸劳动、认知劳动、想象劳动等，都会因劳动力的损耗而发生价值的转移，这既是生产性劳动的根本依据，也是网民在流量生产中的价值创造过程，使得流量商品总是包含一定量的人类劳动创造的价值，也是流量商品价值增殖的基础。数字劳动、数字资本主义的代表人物克里斯蒂安·福克斯有过这样的论述：“普遍的数字平台的用户正在深陷这种商品意识形态的泥淖，他们如同底层的搬运工，怀揣成功的梦想，为数字资本提供着免费的数字劳动，让大的数字平台公司充分榨取最大化的数字劳动的剩余价值。”[③]实际上，福克斯在此论述的价值本质上是流量劳动创造的价值，而数字劳动只是其劳动形式而已。当然，正如不是所有被剥夺了土地的农民都转化成劳动力的出卖者，不是网民的所有上网行为都生产有用的注意力，同时，网民生产流量的过程也与农民被剥削的过程有着极大的

① 夏永红.人工智能时代的劳动与正义[J].马克思主义与现实，2019(2)：37.

② Sut Jhally, Bill Livant. Watching as Working: The Valorization of Audience Consciousness[J].Journal of Communication, 1986, 36 (3): 124-143.

③ 蓝江.交往资本主义、数字资本主义、加速主义——数字时代对资本主义的新思考[J].贵州师范大学学报(社会科学版)，2019(04)：10-19.

不同,但是这些都不能抹去网民作为流量生产者的客观事实。犹如被剥夺了土地的农民之于工业资本主义,在网络中消磨时间而不自觉生产出注意力的广大网民确是流量的生产者,广大网民的无限点击确是流量产生并形成价值的客观过程。2015年,《福布斯》发布的“最赚钱的 YouTube网红排行榜”第一位网红是游戏主播Peo Henie,他的 YouTube频道订阅量已经超过4300万,点击率超过115亿次。这些网红的阅读量和点击率就是由网民创造的。因此,网民是流量和流量资本产生的基础和前提,也是流量资本不断索取剩余价值而完成其资本增殖的基础,更是推动流量资本产生并不断积累的动力源泉。

四、网民的消费行为与吸附劳动隶属于流量资本

网民在产消合一存在形式中的消费行为,本质上是网民以消费时间换取的生产空间,消费行为是外在表现形式。网民用自身的各类观感构成的注意力在互联网虚拟空间中划出了一道缝,在互联网空间中创造出一个新的空间以承载具有网民注意力的流量,工厂化过程中有组织的时间积累被网民碎片化的时间积累代替。然而,不管是时间累积的价值还是空间表现出的价值,却是一点都没有改变。资本主义生产过程建立在受限于地理环境的社会空间结构上,马克思将资本主义的发展描述为“时间消灭空间”的过程,因此马克思主义政治经济学中时间成为衡量价值的唯一尺度。商品中蕴含的价值由生产这种商品的社会必要劳动时间决定,价值量则是时间的长短。资本家通过延长工人劳动时间获得绝对剩余价值,通过压缩工人为生存资料劳动的时间获得相对剩余价值。时间成为真正的金钱。随着数字技术等信息通信技术的广泛应用以及互联网崛起所带来的传统工业时代的退潮,由知识和信息构建的非物质性劳动场景开始融入人们的生活,这种劳动所带来的新的空间生产格局也被人们广泛感知,进而带来生产、消费、交换等一系列观念的变革。流量资本通过与媒介传播行业结合来收编空间,加速构造新空间的生产。正如学者们的洞见:“数字资本主义空间重组的缘由是非物质劳动,其主要是通过数字化平台来实现的,即表

现为数字化平台的操作,这种操作是一个去工厂化的过程。"[①]可见,网民的消费行为客观上是为流量的生产服务的,是吸附劳动作用机制的一部分。资本借助信息化生产带来的流量再造生产新空间,利用资本优势构建吸附载体,以吸附劳动,组织流量生产,再以流量大力消解传统空间因距离产生的壁垒,而新的资本样态——流量资本也逐渐在这场观念革命中成熟起来。

在吸附劳动过程中,每个人都有一定的收获感。于网民而言,是由消费行为构建的物质获得感(如消费便利提供的消费者剩余)与精神愉悦感和满足感(如关注喜欢的网红明星而带来的情绪满足),而正是网民的这种消费行为遮蔽了网民被剥削的过程,遮蔽了吸附劳动的本质:由被动剥削转变为主动剥削。在吸附劳动中,劳资关系不再是资本家对工人的剥削,而是资本家创造条件实现网民对自我的剥削。这种剥削方式虽然没有在形式上表现出来,也没有明显的劳资矛盾与冲突,但是网民沉迷网络、网络依赖、网络抑郁等症状的出现,正是这种剥削的客观结果。网民沉迷于被精心计算和设计的流量载体,夜以继日地输出自己的注意力。由于消费行为的遮蔽,吸附劳动突破了工作场所、工作日、工人等核心概念的法律和道德限制,加大了资本剥削的力度,强化了资本增殖的逻辑。流量劳动创造的价值留给了流量资本家,网民却陷入经济与精神的双重贫困。可见,吸附劳动以主动剥削的形式完成了对网民更为残酷与彻底的剥削,展现了资本更强有力的增殖逻辑。总之,网民的自主消费行为与吸附劳动本质上是一体的,其背后是网民及其流量劳动对资本实质上的从属,是流量资本家完全占有网民流量劳动创造的价值的过程,是资本逻辑的附庸。

网民消费行为与吸附劳动隶属于资本,是资本运行逻辑在流量生产领域扩张的结果,本质上代表流量生产的资本主义生产关系。此过程只存在一个主体,即资本。流量资本家是代资本行使资本权力的人,是流量生产劳动的组织者和剩余价值的占有者;网民是资本行使权力的对象,是流量生产

---

① 杜丹.空间重组:数字资本主义的新转向[J].社会科学,2018(11):32.

的劳动者、剩余价值的创造者以及被剥削者；流量数据类似商品，其使用价值是网民在流量劳动中产生的注意力，其价值则是网民在流量劳动中对自身的消耗，流量数据的商业应用是流量资本的起点；作为流量载体的信息源是流量生产的生产资料，对其投入的货币是流量资本的不变资本；吸附劳动，类似于雇佣劳动，是联结流量资本与网民的劳动形式，在此形式下产生完全剩余价值，即网民以无酬形式进行流量生产。正是这种无酬劳动或完全剩余价值，使得流量资本的作用机制与扩张机制相较于有酬劳动或者雇佣劳动下的资本的作用机制与扩张机制产生了根本的区别，运行效率更高，扩张逻辑更强大，也使得资本权力更大。

五、网络劳工的出现

马克思强调："要生产商品，他不仅要生产使用价值，而且要为别人生产使用价值，即生产社会的使用价值。"[①]这说明劳动要纳入社会化生产体系才有意义。恩格斯也对这段话作了补充："要成为商品，产品必须通过交换，转到把它当做使用价值使用的人的手里。"[②]而这种交换的物质承担者就是价值。因此，流量要成为商品还必须具有承担交换的物质基础——价值。

价值是马克思在论述商品时的基本概念："作为价值，一切商品都只是一定量的凝固的劳动时间。"[③]因此，流量商品的价值必然包含这三个概念：劳动、劳动时间及劳动时间的量。首先，我们来考察流量商品的劳动属性。一般而言，网民是享受的主体，网民在网络空间中使用流量是消费过程而非生产过程，当然也就不是劳动，更不是生产性劳动。同时，劳动也是一个与劳动力分不开的概念，马克思曾下了这样的定义："劳动力的使用就是劳动本身。劳动力的买者消费劳动力，就是叫劳动力的卖者劳动。"[④]当我们谈论流量使用价值的多少时，实际上是考察该信息所吸引到的注意力的多少，而

① 马克思恩格斯文集(第五卷)[M].北京：人民出版社，2009：54.

② 马克思恩格斯文集(第五卷)[M].北京：人民出版社，2009：54.

③ 马克思恩格斯选集(第二卷)[M].北京：人民出版社，2012：100.

④ 马克思恩格斯选集(第五卷)[M].北京：人民出版社，2009：207.

注意力的多少则是根据网民投射之上的关注度而言。这种关注度的度量一方面可以度量单个网民的关注的时间长短，另一方面可以度量网民累积起的时间长短，归根结底是一种时间的积累，也正是流量的价值量大小。当流量成为商品被打包卖给广告商、流量明星或者资本的时候，他们看重的也正是网民在付出注意力之中的各种身体劳动以及时间付出。以Facebook为例，当Facebook 的用户在同一个数字工作中，他实际上产生了两种不同的使用价值：一方面，满足自己的需求；另一方面，满足传播的需要，获得公众关注度。注意力之所以具有能够流通的商品属性就是承载了后者的劳动。可以说，Facebook 的使用价值具有双重性：一方面，他们生产出自己的使用价值，创造用户与公众关注度的关联；另一方面，用户为资本生产出使用价值，即为广告产业生产出特定的目标广告对象。

众所周知，马克思对衡量价值量的劳动时间也进行了规定，即无差别的抽象的社会劳动的时间，并指出："形成价值实体的劳动是相同的人类劳动，是同一的人类劳动力的耗费。"[①]这实际上规定了总劳动的历史生成性，表达的是单一劳动在劳动力耗费上的同一性或生产力历史生成的同一性。以信息通信技术为基础的互联网社会中的流量生产无疑具有共同的生产工具——信息通信技术，也意味着流量商品从一开始就是在社会劳动时间的范畴内衡量其价值大小的。以此为基础，流量商品的量化就简单多了。流量商品价值量的大小就是看流量所吸附的注意力的大小，其中既包含注意力的广度，即总体网民关注的瞬时时间量，也包含关注的持续度，即每个个体网民关注的个体时间量。只有被尽可能多的网民尽可能长时间注意的流量才是最具有价值的流量。特别是，当一个流量具有持续不减的热度，在呈指数级增长的网络传播速度之下，其价值量是难以估量的，这也是流量盛行并被追逐的本质所在，流量经济正是在这种追捧中日渐成长为一种具有独立运作模式的经济新形态。

---

① 马克思恩格斯选集（第二卷）[M].北京：人民出版社，2012：99.

第三节 转化的具体路径：流量剩余价值转化为资本

流量的劳动过程与生产过程本质的区别在于这个过程是否产生用于交换的价值，即是否流量商品的生产过程，而非流量偶然且自然的形成过程。只有生产性流量劳动过程生产的流量才存在价值与剩余价值的可能，资本才有价值增殖的可能。马克思在研究生产过程时，首先整理商品生产的价值形成过程，随后研究以商品为载体的价值增殖过程。因此，要研究流量到资本的转化，必须在生产性流量劳动过程中捋清流量的价值增殖过程，从生产资料与劳动力的结合中找出流量资本的有机构成，揭示流量商品生产中剩余价值生产并被资本完全占有的全过程。

一、从生产性流量劳动过程到流量资本价值增殖过程

人的劳动是有目的地通过一定形式的活动与自然界相交换的过程。流量劳动是支配网民注意力集中于某信息载体并产生流量数据的过程，这个过程以流量载体为劳动对象，通过网络终端产生流量数据。该数据以注意力为使用价值，表现网民在互联网上的行为、意愿与目的，进而具有交换价值。流量劳动过程是网民具体的流量劳动的集合，生产出的产品是流量数据，这也是流量的自然生成的过程。这个时期的流量只是技术范式下的一种计量存在，没有进行商品交换，也没有进入流通市场，仅仅是互联网信息流动的数据表示。一旦流量的使用价值被认识并被作为一种商品开始有组织地进行生产、交换、消费和分配，那流量劳动的一般劳动过程就结束了，此时的流量劳动是商品生产下的生产性流量劳动过程，而该流量也是一定的劳动形式组织生产的结果，兼具价值与使用价值。因此，流量劳动过程实际上包含使用价值生产过程与价值生产过程。

马克思用“物的有用性”来描述商品的使用价值，这是理解商品生产的关键。使用价值承载着人类劳动的“质”，是交换价值的物质承担者，是价值的实体，是肉眼可见的有用劳动。因此，一种产品要成为商品必须具有使用

价值，具有有用性。流量作为一种可流通的商品，以流量数据作为物质载体，通过数据使得网民的注意力信息显现出来，成为流量经济时代极具价值的互联网应用。人们对注意力的调配，必然产生智力和体力的损耗，即劳动力损耗。这种损耗将以活劳动的形式转移至流量数据中，这是流量数据极具价值而能够进行市场交换的价值基础，也是流量劳动的价值生产过程。一方面，流量劳动实现了流量载体等生产资料中死劳动的转移；另一方面，流量劳动在注意力调配中产生劳动损耗而形成活劳动的转移，完成了价值生产。因此，考察流量的价值生产需要理解注意力的生成机制。“注意力”这个词包含两层意思，既指由于关注而产生的一种力量，也指由于要产生力量而花费的关注力。不管何种释义，关注是一种人类劳动，是通过改变人脑的自然状态而进入对“某一事物”专门的看见、听见、理解、思考等一系列人为的有目的的实践活动而实现的。由此可见，产生注意力的专注的过程既有人的社会属性与自然属性的交换而控制自然属性的过程，也有使用专注力的劳动力支出过程。虽然都是在人自身的生物体内完成的，但是其涵盖人类劳动的过程——人合目的性的意识工作与自然界的交换过程、劳动力的支出与使用过程是完整的。因此，网民的流量劳动过程有基本的生活资料的消耗，也有精神、心理等隐性消耗。这些消耗最终凝结到流量数据中，成为流量数据价值的重要组成部分。

在资本主义生产方式主导的流量生产中，为了获取更多的注意力，普通的流量劳动以吸附劳动形式组织起来，成为被控制、被引导的流量劳动，网民“冲浪”式的互联网使用模式被一种简单的、投喂式的被动消费模式替代，流量数据也在网民注意力加速积聚中获得了更多的劳动价值。正如马克思所说：“作为劳动过程和价值形成过程的统一，生产过程是商品生产过程；作为劳动过程和价值增殖过程的统一，生产过程是资本主义生产过程，是商品生产的资本主义形式。”[①]因此，流量商品的价值增殖过程已然是资本主义

① 马克思恩格斯文集（第五卷）[M].北京：人民出版社，2009：229-230.

生产方式下的流量生产过程，价值增殖也意味着流量资本的增殖。众所周知，资本逻辑就是价值增殖，资本本质上是以实现这种价值增殖组织的生产关系。在此过程中，必然有一种价值的无偿占有才能实现资本增殖。如前所述，吸附劳动就是这种组织形式，在此种吸附关系中，网民的流量劳动价值全部归吸附载体，即拥有吸附载体的资本家，流量资本家完全无偿占有网民的剩余价值，实现资本增殖。一方面，产消合一的网络生存形式为资本提供了这种占有的可能。网民的上网行为同时也是自己的消费行为，网民的耗费由网民自主承担，这就是流量生产的特殊性——无酬劳动力（网民）的使用。网民以听力劳动、观看劳动、智力劳动、手工操作劳动呈现出流量，这些劳动都是没有薪酬的劳动。资本以吸附劳动将流量劳动时间依附于流量载体，网民消费中客观产生的价值创造融入依附载体，依附载体的价值由自身承载的死劳动与网民新生产的活劳动共同组成，完成价值增殖。另一方面，依附载体仍然归原有资本家所有，这就意味着依附载体所吸附的增殖价值最终被资本家占有。流量资本家在流通领域以流量变现的形式将依附载体新获得的价值转化为货币，这部分货币并入资本，进而成为新的流量生产关系的组织者，资本实现增殖。

二、从生产资料与劳动力的结合到流量资本的有机构成

流量劳动作为一般劳动过程，总是与一定的生产资料结合，在特定的空间有计划地实现与自然之间的物质交换。具体考察如下：第一，流量产生的物质基础——信息，是人类智力劳动的结果，是利用信息技术生成的一种特定内容的数字化表征，并在互联网空间得以广泛存在、传播和应用。第二，流量产生的劳动场景——互联网空间，是一种人化自然，是通过信息网络技术在硬件设施与软件应用中搭建起来的人类社会虚拟场景，是流量劳动的“广袤大地”。第三，所有的流量都是人类通过信息与他人构建联结并产生交换而形成的，这个过程中明显有能量交换以换取人类生存、生活的内涵，具备劳动的基本属性。第四，不同于动物自然的本能，流量劳动是人类有计

划、有目的的劳动，这表现在信息交换之前就已经有了信息流速等概念，而流量本身就是一种工具性设计，以对信息流动的规模和速度进行计算和衡量。第五，流量劳动作为一种人的注意力生产过程，必然对人的身体、心理、精神产生消耗，这样才能产生对信息（尤其是互联网海量信息）持续且集中的注意。由此可见，流量生产过程中的劳动资料就是承载流量的流量载体和可接入互联网的终端设备，劳动力则是有意识的网民个体。当流量以吸附劳动的形式组织资本主义方式的生产，可接入互联网的终端设备也因网民自主消费的表象由网民自己承担，那么生产资料就只有流量载体。流量资本的有机构成也日渐清晰。

以“$G—W—G'$”表示流量资本运动轨迹，其中G代表流量资本家预付货币，现实表现为购买和维护各类流量载体的货币支出；W代表以数据表示的生产性流量，现实表现为具备各种应用价值的流量数据；G'则表示流量数据广泛应用所得的超过资本家预付金额的货币。不难看出，流量资本的有机构成$G=c$（生产资料价值）$+v$（劳动力价值）。根据之前在吸附劳动中的分析，流量资本有机构成最大的特点是可变资本$v=0$，即流量资本家以网民自主消费的假象掩盖了网民劳动力使用的补偿问题，因而资本家无须为网民的劳动力消耗支付工资。因此，流量资本预付资本全部支出都是用于生产资料——流量载体的购买和维护：①购买承载注意力的流量载体的资本；②维护流量载体以持续吸引流量的资本。①中所购买的流量载体主要是各类数字产品，如符号化的网红、数字平台、网络游戏等。②支付的主要是数字工人的技术劳动，也包含刺激、引导流量的劳动。在流量生产中，①和②的资本或者货币价值将随生产发生价值转移，而转移的速率也将随着流量载体的应用程度而变化，因此并不产生新的价值。新增的价值是由网民的流量劳动创造的。由于此处的$v=0$，所有的价值创造都转移为剩余价值，该剩余价值是完全剩余价值。流量资本的这种资本有机构成与马克思在《资本论》中论述的雇佣劳动下的资本有机构成存在很大的差异，这是流量资本成为新的独立资本样态的根本所在。

三、流量商品的剩余价值转化为资本

流量劳动成为生产性劳动，表明该劳动过程是一定产业模式内的有组织的商品生产过程，其组织形式即吸附劳动形式。吸附劳动是信息技术背景下与雇佣劳动不同的特定劳动形式，是与信息基础产业、互联网产业、数字产业、互联网流量产业等相关联的新型劳动组织形式，隶属于资本主义生产方式。当流量数据成为商品，流量劳动就在吸附劳动的组织下开启了价值生产过程。因为只有先生产出价值才能产生价值的增殖。网民注意力凝结的过程是通过消耗网络上的劳动时间产生价值，而网民产消合一的网络存在形式则为吸附劳动占有该价值提供了可能，即为资本主义生产方式下的流量资本增殖过程提供了可操作的生产组织形式。在资本逻辑的支配下，网民注意力实现集中指向，避免注意力发生转移，其中体力和智力的消耗也顺利转移到流量生产计划性的流量载体中。如前所述，作为商品的流量早已突破了自然劳动的范畴，而是一种有计划的生产，因此网民注意力的聚焦也不是完全的自由意志，经常被卷入流量资本家有计划、有目的的生产活动。流量资本顺利完成了对网民完全剩余劳动的占有。流量资本家通过向广告商或者企业出售网民的注意力时间获得价值增殖。在互联网和互联网流量时代，网民为企业破解了信息沉没的难题，企业通过流量引导消费者的消费行为，帮助企业进行商品营销，而网民在网络信息大爆炸中充当资本价值增殖的工具却不具有配合价值增殖的机会。信息焦虑开始控制网民并且占据着网民越来越多的时间。流量的大量使用、网民的无酬劳动最终实现货币价值，并转移成新的资本，由此实现了流量生产过程的价值增殖，流量资本也完成了从预付货币到资本职能的转变。

在《1857—1858年经济学手稿》中，马克思指出，雇佣劳动的产生，除了同货币资本进行自由交换这一前提之外，还有另一个前提，那就是“自由劳动同实现自由劳动的客观条件相分离，即同劳动资料和劳动材料相分离”。当无产者没有可供支配和使用的生产资料，为了生存下去，只能出卖劳动力，接受资本家的雇佣和剥削，雇佣劳动由此得以确立。一旦雇佣劳动关系确立,工人以及其为资本家所提供的雇佣劳动均被纳入资本的逻辑。资本逻辑就是资本主义社会的普照的光,基于这种逻辑,雇佣劳动成了资本支配和利用的对象。在雇佣劳动中,工人的劳动过程分为创造劳动力价值的必要劳动和创造剩余价值的剩余劳动。资本家以资本权力无偿占有剩余劳动创造的价值,即剩余价值,并以对剩余价值的不竭追求组织扩大再生产。资本逻辑是指资本在自身固有的增殖本质强制下展开的无限追逐利润以不断扩大自身的必然性运行逻辑。因此,资本本质上是一种生产关系,即以资本权力占有剩余劳动的生产关系,其中核心的内容是资本权力。流量资本代表了一种新的时代背景下的资本权力。流量资本家以资本权力组织网民进行流量生产并无偿占有该劳动价值。在这种权力机制中,为了使流量价值尽可能地大,资本家不惜花费成本控制和操纵网民的注意力,提高注意力生产的有效性,促进价值增殖。在流量生产中,流量资本家通过机制上的创新不断生产欲望、引导意识、改变偏好、夯实情感、占领闲暇时间等,捕捉全网注意力,从而使注意力劳动所创造的价值趋于无穷大,即流量价值无穷大。最终,流量资本再以资本权力占有这些价值,而且无须向网民支付劳动力损耗造成的必要劳动价值。因此,流量商品的剩余价值转化为流量资本,本质上是资本权力对流量生产领域的扩张。这种新资本样态以特殊的资本有机构成为标识,本质上是资本权力机制的强化,对于被卷入的生产者——网民而言,则是被剥削的强化。

本章小结

马克思以劳动价值理论和价值规律为依据,强调资本不能从流通中产生,又不能不从流通中产生[①],以此论证资本实现羽化的基本前提——劳动力商品的买与卖以及其特殊的使用价值。本章以流量劳动力——网民,作为论证的核心,说明了网民的一般概念、网民的网络存在形式、网民的消费

① 马克思恩格斯文集(第五卷)[M].北京:人民出版社,2009:193.

行为与生产行为,进而引出网民的价值与使用价值,最后呈现了网络劳工出现的事实。至此,本研究完成了对流量资本羽化基本前提的论述,也说明了资本、剩余价值和资本主义社会变化发展的核心动力。然而,网民并不是凭空出现的,也不是孤立存在的,因此本研究以联系的观点论述了网民出现的前因和后果。网民出现的前因即流量经济时代的产生,网民出现的后果即流量剩余价值生产成为可能。本章以网民为论述核心,前后关联,从历史的角度、现实的角度、理论的角度阐明了流量资本运动的动力问题。

第五章 流量资本的增殖逻辑

根据具体劳动与抽象劳动展现出的劳动二重特性，资本主义生产劳动过程与价值增殖过程合一，因此“不是工人把生产资料当做自己生产活动的物质要素来消费，而是生产资料把工人当做自己的生活过程的酵母来消费，并且资本的生活过程只是资本作为自行增殖的价值的运动”①。随着科学技术、观念力量、制度势力等介入流量生产，流量资本的剥削样态以相对剩余价值和绝对剩余价值的形式不断涌现，网民深陷网络沉迷、网络成瘾、思维能力丧失、交往能力丧失等网络综合征折磨。伴随马克思《资本论》研究视域的推进，本章将以剩余价值“生产—交换—分配”视角为重点，阐述流量资本生产的两大基本逻辑，剖析流量资本主义历史演进的过程，揭示流量剩余价值的秘密。

剩余产品并不是资本主义社会独有的东西，人类社会的整个历史都充满着对剩余产品的占有与争夺。然而，没有哪个社会充满着如此深刻的围绕剩余产品分配而产生的社会矛盾，究其原因，这是由资本主义生产方式的本质决定的。如果说以前的剩余产品是一种偶然现象，资本主义历史中的剩余产品则是一种必然，因为资本主义生产关系是以追求剩余价值为出发点，“剩余价值的生产是资本主义生产的决定的目的，同样，富的程度不是由产品的绝对量来计量，而是由剩余产品的相对量来计量”②。在此，我们详细探讨流量资本的两大剩余价值生产机制，说明流量资本产生的理论基础。

---

① 马克思恩格斯文集(第五卷)[M].北京：人民出版社，2009：359-360.

② 马克思恩格斯文集(第五卷)[M].北京：人民出版社，2009：265.

第一节 流量商品的两种剩余价值

一、流量商品的绝对剩余价值

通常，总的工作日时长扣除工人为自己的生活资料劳动的时间就是为剩余价值生产的时间。资本主义生产过程是工人劳动过程和商品价值增殖过程的统一，而价值增殖只能来源于工人劳动而非其他，因此不断地增加可变资本——工人的投入，也是绝对剩余价值增加的有效途径。网民在流量生产中几乎没有为自己生存所进行的必要劳动，因此网民在网络中消费的时长就是流量资本的绝对剩余价值。网民在网络中持续的时间越长，流量资本的绝对剩余价值越大。一方面，在流量经济中，资本家总是通过制造各类网络关注产品，尽可能多地吸附网民的流量劳动时间，即注意力持续关注的时长，获取绝对剩余价值。通过海量信息的输出，或者借用一定的技术手段，甚至人为地制造各种热点话题，获取尽可能多的关注度，流量资本的绝对剩余价值也随之增加。同时，由于流量对网民流量劳动时间没有明确的质的规定性，网民的流量劳动可以以各种碎片化时间无限堆积，流量资本的绝对剩余价值可以趋于无穷大。另一方面，由于流量资本的剩余价值最终是由可变资本——网民创造的，流量资本家以不断地增加网民数量来增加可变资本的比例，以此获取更多的流量和流量资本绝对剩余价值。

流量资本对绝对剩余价值的追求在现实中表现为不同的形式，呈现从国家到企业的资本化生产动机，对网民从身体到精神的多重控制，而根本目的是获取尽可能多的网民流量劳动或者说网民的关注。从国家层面来看，数字技术的投入、网络基础设施的建设、流量获取技术的创新、意识形态控制等多重手段的使用，使得本国的互联网企业能够在全球范围内收割流量；从企业层面来看，数字应用的不断推陈出新、各类免费产品的投入、基于算法技术的流量推介、热点话题和热点问题的创造等，使得流量资本家能够不断地吸附网民流量劳动并围绕本公司产品形成持续生产模式；从个人层面来看，网络成瘾、网络依赖、网络沉溺等现实不断地冲击着网民个体，网民的身体因在网络中沉溺而丧失了身体自动修复、补给的机会，网民的精神因对网络的依赖等精神问题而丧失了个体的独立性，甚至造成世界观、人生观、价值观的扭曲，或者因丧失人的主体性、主动性和创造性而变得精神虚无。流量资本绝对剩余价值的摄取过程同一般资本绝对剩余价值的摄取过程一样，都是一种赤裸裸的剥削、简单的占有、粗暴的压榨，势必造成网民这一免费劳工群体各种各样的身体和精神的创伤。

二、流量商品的相对剩余价值

在资本主义竞争的强制作用下，资本家为了追逐更多的剩余价值，总是力图改进生产技术以提高劳动生产率，使得企业的劳动生产力提高，进而该企业商品的个别劳动时间较少，商品中蕴含的价值量也较小，表现在价值形式中则价格低廉。然而，该类商品的市场价格仍然以社会平均生产力水平定价，因此该企业不仅能因劳动效率的提升而提高产量，还能获得高于市场价格的超额剩余价值。超额剩余价值本质上就是相对剩余价值，而且是相对剩余价值最普遍的形式。马克思总结："这里，改变的不是工作日的长度，而是工作日中必要劳动和剩余劳动的划分。"[①]本质上，仍然是剩余劳动时间的延长，是资本权力主导下生产的秘密所在，甚至是资本主义社会技术创新的根源。相对剩余价值提高的根本在于生产力的提高，而且是全社会生产力的提高。

在流量资本剩余价值生产过程中，可变资本投入较少，网民在流量生产过程中必要劳动时间的占比较少，因此很难对相对剩余价值进行判断，甚至剩余价值全部表现为绝对剩余价值。单纯地以马克思对两种剩余价值生产特点的不同描述为依据，尤其是以生产力提升为核心的相对剩余价值生产过程的解释，确实可以作出这样的判断。本研究将生产力提升背景下因技术辅助、观念更新、操作便捷等所带来的流量生产的加速增加量定义为流量

① 马克思恩格斯选集（第二卷）［M］.北京：人民出版社，2012：200.

资本的相对剩余价值。正如马克思所说:“在资本主义生产中,发展劳动生产力的目的,是为了缩短工人必须为自己劳动的工作日部分,以此来延长工人能够无偿地为资本家劳动的工作日的另一部分。”[①]可见,众多科学技术对信息社会的助力、流量生产中大量的技术应用场景等,只是资本家生产流量商品中包含的相对剩余价值的方式,是一种更为隐秘的剥削方式。流量资本家获取相对剩余价值的方式包括:第一,加速主义指导下的生产生活方式变革,主要是通过技术革新所带来的生产加速、积累加速、流通加速以及全社会生产生活方式的加速;第二,平台资本主义的扩张,主要指不断构建各种以资本为核心运行的互联网平台并通过无序的平台竞争策略实现垄断经营;第三,空间生产的扩张,主要指以时间换取空间的逻辑在互联网中不断创建、拓展、深化各类虚拟空间的生产组织方式;第四,技术控制,主要指在互联网空间中以技术为手段对网民精神、心理、习惯以及生活方式进行控制的组织方式。当然,以上四个方面只是互联网流量资本家相对剩余价值主要的生产方式,事实上,对剩余价值的追逐是个无止境的过程,因此相对剩余价值的生产方式也并不局限于此。

第二节 绝对剩余价值的生产

一、基于权力控制的绝对剩余价值生产

在资本主义生产方式下,流量资本家总会通过各种手段提高剩余价值,设置技术壁垒、实现技术控制成为互联网企业提高流量绝对剩余价值的绝好选择,也是最有效的手段。在以机器工业为特征的前资本主义时代,机器替代、制度壁垒、管理操纵、强制分工、控制人口数量等是资本家掌控工人以确保剩余价值有效增长的惯用伎俩,并由此产生了以经济为依托的权力控制。为保持这种权力控制持续有效,资本家建立了从意识形态制度到法律

① 马克思恩格斯文集(第五卷)[M].北京:人民出版社,2009:373.

制度、从工场管理到国家体制全面且严密的资本主义社会制度体系，这是资本主义绝对剩余价值产生的制度保障。流量资本家也引入了这种权力机制以更高效地组织流量生产，使得流量生产实际上构序了一种空间生产权力模式，这种模式客观上使以去领土化为特征的互联网自由空间再领土化而变成了非自由的存在。这种非自由的存在本质上是一种由技术生长出的权力控制，或者说是资本主义传统权力机制向互联网空间的位移，这种权力与技术的结合就是流量资本。根据互联网空间构序与祛序的态势，流量经济以流量数据权力构筑资本主义再领土化的具体机制，将互联网空间置于领土化与非领土化、主权化与非主权化、权力化与非权力化之间平衡。流量技术似乎是这种再构权力的主体，其实真正的把控者是资本加持下的技术力量，即流量资本家。流量资本家以这种技术控制，不断寻找利润增长的最佳点，以资本权力实现对流量世界的控制，并不断积累剩余价值。

美国以国家安全局作为这一资本权力的外在表现，以国家安全为名实施资本权力，这类案例不胜枚举。1997年，美国国家安全局下设“获取特定情报行动办公室”，以美国在信息技术领域的领先技术和硬件设备在世界范围的广泛接入等优势秘密入侵他国网络系统和计算机，并通过攻击计算机保护系统、破译信息秘密等技术手段读取流量，将他国的重要商业情报、国家数据信息等提供给国内权势核心。2008年，欧美相关公司在基础设施薄弱的非洲等地区大面积铺设海底光缆系统以延续和支撑其在全球网络基础设施中的霸权地位和全球互联网流量获取的权力。如前所述，全球已建立的网络空间是以美国为核心节点实现联结的，美国在截取信息时具有极大优势，不仅有技术优势，还包括资源控制，因此美国才能轻松制造“棱镜门”事件。美国在全球网络中拥有权力机制下生成的软件便道、路由器暗舱、芯片天窗，在人人都以智能手机为基本社交工具的今天，其技术、资本带来的权力效能可见一斑，这便是美国可以在全球网络空间恣意妄为的基础。事实上，以美欧为代表的国家网络为了助力企业绝对剩余价值的生产，实现全球范围内绝对剩余价值的占有，不仅通过网络信息技术领域的先占性优势以设置壁垒、制造矛盾、贸易保护等手段进行看得见的全球“收割”，也通过一系列暗度陈仓在互联网空间兴风作浪，这种技术与资源带来的资本霸权已经成为当前网络空间安全的最大威胁。而在我国，资本主义这种生产方式的腐朽作用力也侵蚀着一些新兴互联网企业。从流量统计数据来看，截至2020年12月，我国境内全部网站数量达443万个，网页数量则为3155亿个，已监测到的国内市场App（ 移动互联网应用）数量为345万款；2020年1月至12月，仅移动互联网接入流量消费达1656亿GB。这组数据直接反映了流量得以形成的基础空间。在如此庞大的流量入口以及流量数据中，流量形成了一种新的商业模式，甚至是一种必须的商业抉择，谁都无法从浩瀚的信息洪流中逃生，谁都无法从借助互联网流量所形成的权力形态中抽离。

二、基于劳动控制的绝对价值生产

马克思在《1844年经济学哲学手稿》中提出异化的概念，并且提出了四种异化的形式，而形式之一正是工人与自身劳动相异化。工人与他的劳动相异化意味着工人的劳动活动不再是一种自我的自觉，而成为一种被控制的外部活动。根据马克思的思路，网民的网络活动也不再是自由自觉的活动，而是一种丧失自我的异化实践。由于网络环境去背景化、去感官化的特点，以视觉和听觉为基础的流量劳动异化了人的感官系统，使人不能完整地接受感官体验并产生亲身共鸣。因此，网络社会中劳动、实践与自我感受相分离，不再是完全的自我行为，即纯粹的自我消费行为，而是一种资本主义异化劳动，是一种被控制的有组织有目的的生产劳动。网民把自己的注意力凝结在各种类型的网络信息的时间产生价值，这种价值以对象化的劳动时间显现，是属于流量资本家的存在。注意力时间停留在网络信息上就意味着生产绝对剩余价值，流量资本家通过各种形式出售注意力时间获得这一剩余价值。在有组织有计划的流量生产中，流量资本家总是试图有效控制网民的注意力，从注意力的质量到数量、形式到内容等进行全面的控制，以提升流量生产效率，追求绝对剩余价值最大化。从表现来看，流量是得益于互联网空间的自然生成，是网民自觉自愿的活动的附属产品，因此流量劳动超越了异化而成为网民自由网络行为的对象性表现，流量劳动也没有中心化权力的控制，反而是人们体验先进的数字媒体技术、享受数字产品和数字服务等自主自由的消费性活动。事实上，流量劳动没有一刻不受到资本的魔力驱动并被其控制，流量资本逻辑的主导是当前流量生产的主要特征，任何流量载体都是流量资本设计的结果，而网民的每个行为都受资本权力的引导。流量生产劳动控制的本质仍然是资本的控制，只是表现为对网民注意力行为的干预，包括吸引、延长、锁定等方式，具体表现为网民与自我注意力行为的异化。

数字资本主义时代，信息堆积是互联网社会的图景，数字（数据）的堆积则是互联网社会财富的表现。互联网企业极致地利用信息再生产边际成本极低的优势，不断地复制粘贴出巨大的信息流量，再通过互联网商业中认识锁定、管理锁定等信息锁定策略将已经生成的流量长久地固定在企业各类商品中，最后形成强大的数据财富。这种由数据和云计算形成的庞大的关联体系，可以称之为一般数据。[①]这是互联网商业中的重要生产组织要素与商品。网民的注意力是否转移早已不是网民个人意志能决定的，而成为企业锁定策略之下的控制性劳动，无处不在的转移成本不断地强化着这种控制。以中国移动出行市场为例，2014年，在滴滴打车与快的打车两大移动出行企业用户争夺战中，滴滴打车以77天补贴大战赢得了这场商业争夺战。据统计，这77天中，滴滴打车仅通过微信支付提供的补贴就达14亿元，而其用户量也由之前的7800万暴增至1亿，稳稳地锁定了移动出行市场。这期间，如果网民抛弃滴滴打车，将享受不到补贴，这就是网民注意力转移的机会成本或者说移动成本。可见，是否选择滴滴打车已经不是网民个人意志的表现，而是经过精确计算的商业策略，是通过资本、资源、技术的综合运用实现的对网民注意力劳动的控制。这种控制行为日渐成为互联网商业的主导形式，也成为网民在资本逻辑下的互联网生存状态。为了强化这种流量

① 蓝江．一般数据、虚体、数字资本——数字资本主义的三重逻辑[J]．哲学研究，2018(3)：23.

趋势，不断地壮大互联网流量，流量资本家必将采取更多的方式实施劳动控制，各类网络经营策略应运而生，网络外部性、正反馈效应、基于技术壁垒的合作与兼容、技术标准争夺战等在互联网商业中屡见不鲜，性能展示、控制转移、开放转移、中断，此四种策略成为网络市场中的基本策略，流量劳动被成功控制。可以说，只要是被资本逻辑入侵的领域就必然是资本主导的关系，个体的人的劳动、人与人的关系、人的主体性意志等都只有被异化的结局，流量资本主义生产关系中亦是如此。网民网络活动凝聚成的数据流量不属于网民却属于流量资本家；网民虽然在网络虚体中自由活动，甚至感受着消费网络的乐趣，但他们所有的活动都被纳入算法与数据的控制，其活动本质打上了被迫劳动的印记；互联网中的人际关系网也不是网民真实的社交圈，不仅因为互联网社会的虚拟性，更主要的是，劳动控制者不断地在去中心化中构建中心化，创造意志领袖，掌握流量话语权，实现各种流量引流，甚至制造"流量崇拜""流量为王"。有人早已洞察，赫拉利说："目前最耐人寻味的新兴宗教正是'数据主义'，它崇拜的既不是神也不是人，而是数据。"[①]流量拜物教本质上也是劳动控制的手段，以更加彻底的残酷的思想控制实现对网民的行为控制，使得网民总是不得不上网、不得不刷屏、不得不沉溺、不得不关注等，这就是隐蔽外衣下的流量劳动控制与流量资本剥削。网民无酬劳动所创造的海量数据流量不仅被流量企业独占、买卖，而且被不断地再分析、再加工、再分类，利用算法、爬虫等新技术重新生成新的数据，产生新的流量价值。总之，流量就是价值，是互联网商业繁荣的依据。当网民成为广告商精准投放的目标时，网民将再次循环进入流量的控制，如此往复。网民在流量引导的生活中逐渐狭隘，甚至被禁锢，最终成为与自我相异化的流量生产工具，完全失去人自由全面发展的可能。正如有学者指出："社交网络通过向用户提供了更多自我表达的机会、真实性、沟通交流、与他人合作的可能，因此也赋予了受众更多对象化的机会。当用户沟通和社交

① 尤瓦尔·赫拉利.未来简史：从智人到智神[M].林俊宏，译.北京：中信出版社，2017：331.

能力被改写时，他们的劳动同样成为剥削的对象。”[①]流量生产的劳动控制作为提高绝对剩余价值的方式成为流量资本化过程中的普遍现象。

三、基于主体控制的绝对剩余价值生产

作为流量生产的主体——网民，是流量生产中的劳动力，是流量资本产生的前提。因此，要获得尽可能多的绝对剩余价值，流量资本家必然对这一劳动主体进行控制。从网络依赖到网络成瘾，从个性化的个体到符号化的群体，网民的网络化生存状态完美展现了这一控制过程。信息通信技术除了对社会经济生活直接的变革、重塑以外，由此引发的辐射效应对社会文化生活的影响也不容小觑，这种影响对流量经济的发展起到了很大的推动作用。生产力的提高使人类摆脱了生产劳动的羁绊，使人们有了更多的可自由支配的闲暇时间。随着信息通信技术的发展，互联网的接入日益普及，“互联网+”的经济形态和思维方式拓展了互联网与传统行业的融合，创造了更多的新发展机会。与此同时，伴随着网络社会的形成，互联网文化日渐兴起，其直接结果是信息时代以非物质为特征的文化的盛行。信息时代，网络社会中更容易出现所谓非物质形态的商品——智识性产品，包括知识、信息、关系以及情感反应等。伴随着非物质文化的盛行，人们在隐秘的网络空间中发言成为常态，网络空间也成为评论观点、表达自我、引起关注、偶像文化等非物质文化的乐土，客观上为流量的生成与病毒式传播创造了适应的文化环境。可见，网民生产异己力量的行为随着网络传播的扩大不断加强，这在某种程度上描述了网民网络化生存的现状，即网民在自己创造的网络世界无法自拔，彻底融化进了这一文化环境并渐渐产生各种病态的依赖，如网络成瘾。网络化生存浸润着所有人的生活而变得日常，不仅仅是存在于某一部分人身上，而是存在于每个人身上；不仅仅是生活的日常，而是越来越成为人们的习惯，甚至开始替代了现实的存在。流量资本，裹挟着数字资

---

① 福克斯．马克思归来（上）[M]．传播驿站工作坊，译．上海：华东师范大学出版社，2016：98.

本、工业资本、金融资本，以最强有力的姿态控制网民群体，使其沦为资本的免费劳工。

资本消解网民的个体性，在控制网民注意力的同时俘虏其生命力。随着后福特主义时代的到来，工业文明的发展使得人们的想象力受到了严重的限制，他们无法正确地区分感知和想象，导致他们无法有效地组织和理解外部世界。当人们面对现实世界时，他们会集中精力，通过不断调整自我感知以适应日渐匮乏的体验感，而且实时的永久性体验也取代了传统的工业生产中的线性暂时性体验。随着工业资本主义的衰落，人们更加依赖网络，暴力的形式也发生了改变。在流量经济中，人们不仅要面对占用大量时间的暴力，还要面对持续的同时性体验，使得他们的劳动时间和劳动产品受到了严重的影响。工人和消费者以独特的生活方式到个性化丧失的过程几乎同步的体验促进了社会分层，进而形成了更加富于变化且更加不稳定的社会结构。随着全球化日益加剧，由网络化带来无产阶级化，再通过流量经济的普及和传播，均质化的消费投喂背后是个性化的消解，甚至是由欲望与浅满足带来的个体认知能力的退化，最终将带给人类历史更大的灾难。

第三节 相对剩余价值的生产

一、技术控制下的相对剩余价值生产

正如工业资本在英国的兴起，发达的工业基础，即机器大生产具有不可或缺的作用。机器大生产以机器的充分使用为基础，使英国社会的分工产生了质的飞跃，从工场手工业直接进入机器大工业。马克思曾论述："生产方式的变革，在工场手工业中以劳动力为起点，在大工业中以劳动资料为起点。"[①]机器大工业的产生与发展不仅大大推动了资本主义生产力的发展，更多的是带来了生产方式、生产关系的变革，引起了深刻的社会演变。然而，

---

① 马克思恩格斯选集（第二卷）[M].北京：人民出版社，2012：216.

正如马克思在《资本论》中的描述:“资本主义生产方式下,劳动生产力的发展过程就是资本不断实现相对剩余价值生产的过程。”①机器大工业的进步使得资本家以对补充劳动力的占有、工作日的延长、劳动的强化以及最终得以形成的工厂体系对工人实现了更加严酷的剥削。信息通信技术对生产力的发展也构成了一种技术控制的力量,帮助流量资本实现更高的相对剩余价值。

信息通信技术已经成为信息社会最重要的公共性的基础设施,是国民经济发展的三大基础资源之一,也是改变当前世界经济结构的最新劳动资料。信息通信技术对劳动工具、动力系统、运输系统、信息传递系统和劳动场所等一系列劳动资料的改变使信息通信技术已经融入劳动资料的体系,成为劳动资料的一部分;信息通信技术与现代工业相结合,更是大大提高了社会劳动生产率,使社会生产力水平发展到了前所未有的高度,为流量资本创造了前所未有的财富,为流量资本相对剩余价值生产提供了客观条件。流量经济、流量资本也正是在信息通信技术广泛应用的背景下产生并蓬勃发展的。以我国为例,根据第50次《中国互联网络发展状况统计报告》,从基础数据来看,截至2022年12月,我国IPv4地址数量为39182万个,IPv6地址数量为67369块/32,IPv6活跃用户数达7.28亿。这些庞大的数字背后是信息通信技术的广泛使用,是信息通信技术为人类提供的海量信息以及对人类所能接触到的知识、科学、技术的广度和深度的扩展,更是通过信息通信技术对人类社会经济、政治、文化和社会生活的深刻变革。从具体内容来看,借助信息通信技术,目前互联网空间中已经形成了四大主流板块的应用环境,包括基础应用、商务交易类应用、网络娱乐类应用和公共服务类应用。这四组应用跨越了线下商业活动的几乎所有门类,涵盖了人们生活的方方面面。与其说是信息通信技术对社会生产力的变革,不如说是信息通信技术对生产力的重塑,而正是这种重塑使得流量资本家借助科学技术的控制强化了对网民无酬劳动的压榨。一方面,科学技术的进步与控制生产出了

①《资本论》导读[M].北京:高等教育出版社,人民出版社,2012:107.

越来越多的网民;另一方面,网民深陷技术的牢笼无法自拔并逐渐损害了身体的肌肉、神经系统等,最终导致身体上和精神上自由的丧失。流量生产已经形成体系,每时每刻都在压榨更多的劳动或不断加强对网民的剥削,流量资本的相对剩余价值不断得以提高。

二、加速主义背景下的相对剩余价值生产

马克思说:"固定资本的发展表明,一般社会知识,已经在多么大的程度上变成了直接的生产力,从而社会生活过程的条件本身在多么大的程度上受到一般智力的控制并按照这种智力得到改造。"[①]根据马克思的这一论述,结合列宁在1918年《论"左派"幼稚性和小资产阶级性》中所认为的:实现社会主义的前提必须是建立在现代科学基础之上的资本主义技术以及有计划的国家组织,同时伴随着信息通信技术主导的科技革命所带来的巨大变化。加速主义认为信息、情感、认知等非物质劳动逐渐取代以前的物质手段,从而越出直接的劳动过程和生产过程,产生着巨大的生产力。"技术的加速、社会变化的加速和生活节奏的加速"[②]在互联网社会中表现为数字技术加速、网络社会变迁加速、网络生活节奏加速,最终导致网络社会中信息流动的加速、流量生产的加速以及流量相对剩余价值生产的加速。

某种意义上讲,流量的产生本身就是一种加速的结果。以《通信的数学理论》(*A Mathematical Theory of Communication*)为开端,香农创建了一个新的世界,即现代信息论。将宇宙万物编码为比特位进行传播,信息成为通信领域中宇宙万物的最基本的单位。随着通信技术应用的大众化,以信息为基础的网络成为人们熟悉的日常事务,信息也渐渐摆脱了最初科学研究的抽象性,成为人们熟悉的载体。人们每天都在接收信息、发送信息、处理信息、整合信息、创造新的信息、遗忘旧的信息,然而,信息作为香农信息论

---

① 马克思恩格斯文集(第二卷)[M].北京:人民出版社,2012:785.

② Hartmut Rosa. Social Acceleration: A New Theory of Modernity[M]. New York: ColumbiaUniversity Press, 2013:71.

模型中接收者和发出者的功能却在海量信息的洪流中被忽视，加速主义控制下的人们不再有耐心去收集、整理、加工信息，反而是信息的流速为加速生活的人们提供了一种替代，使得复杂的信息处理过程以简单的流量形式呈现，流量由此产生并一发不可收拾。流量在香农的传播学模型中本是一个附属，是用来计算信息的强度和信度的表现方式。信息是内容的承载者，需要被认知、理解和消化；流量是信息的速度和容量的承载者，只需要被追踪和获取。由于其不同的运载模式，流量日渐脱离内容承载者，成为一种具有独立功能的互联网技术范式。一方面，信息的计算计量工具和技术的开发及应用，使得流量更容易被监控和识别，甚至生产；另一方面，流量突破其原有的计量功能和属性，以迎合加速主义的姿态成为网络经济模式中一种新的生产要素并逐渐聚敛成资本。

马克思认为，为了应付日益复杂的社会矛盾，必须采取措施，即通过引入先进的科学技术以及大幅度降低劳动时间来提升劳动生产力，以此缓解社会的紧张局势。因此，必要劳动时间的缩短和相应的劳动力的增长，将会使社会经济发展进入一个更快的阶段。随着科技的进步，越来越多的人开始利用电子计算机以及其他技术，以提高自身的工作效率。从研究结果可以清楚地看出，电子计算机可以帮助人们快速地分析和解决复杂的问题，进而提高工作效率。此外，互联网技术可以帮助中小企业增效，进而提升竞争力。随着加速主义的兴起，流量资本的活跃使得人们的渴求更加强烈，利用互联网的便捷性以及各种形式的宣传，人们能够更快更有效地获得和利用信息，进而获得更多的收益。随着互联网的普及，视觉作用已经被视作一种社交性活动，进而使得视觉作用的影响力得以拓展。伴随着当代视觉影像技术的发展，流量经济将日益拓展的视觉影响力转化为最先进的注意力控制机器，不断地刺激网民将欲望的流动转化为一种新的价值来源，即以注意力为内容的流量数据生产。实际上，不仅是视觉作用，与人相关的一切感觉与认知都被调动进入欲望机制，使得网民以某种内生的动力自觉加速流量生产。

三、平台资本主义背景下的相对剩余价值生产

作为互联网中重要的基础设施，互联网平台在互联网社会广泛存在并越来越彰显超越技术的力量，成为流量资本相对剩余价值生产的重要推动力量。目前，典型的互联网平台类型包括商品交易型平台（如 Amazon）、社交媒体型平台（如 Facebook）、用户生成内容型平台（如 YouTube）、共享经济型平台（如 Uber）、搜索引擎型平台（如 Google）、工作众包型平台（如 TaskRabbit）、资金众酬与 P2P 融资型平台（如 Kickstarter）等，这些平台的成功运行无不需要流量加持，而平台本身也因其巨大的组织领导能力推动着流量的生产。互联网平台的组织领导力本质上是一种资本权力，是平台运用资本购买技术实现的劳动控制。比如，网民在平台的行为能力是受平台参数限制的，必须在设定范围内进行。曾经，马克思将人比作机器的一部分，而今天，网民的行动能力也构成了平台的一部分，甚至可以说互联网平台是现代资本逻辑主导下的机器体系，作为对象化一般智力的生产工具，既延长了人类器官、延伸了人类能力、延展了人类实践，也推进了机器技术与社会权力的同构化，表现为资本权力机器化、政治宰制技术化、机器能力绝对化、技术占有政治化等。互联网平台作为界面化生存的基础设施，无疑是机器技术与社会权力的集大成者，推动了流量资本的生产，也加剧了资本借助技术提高流量资本效用，强化对网民的剥削。

最为关键的是，这一助力除了显性的权力机制，还有隐性的制度机制，特别是现代经济制度的庇护。举例来说，网民使用某个软件，支付了使用费用，如网民使用微软的 Office 写文章、制作报表和幻灯片，用IBM公司的SPSS来做社会统计，或者网民玩着育碧公司制作的《刺客信条》《看门狗》等游戏，网民并非拥有了这些软件。按照福克斯的理解，网民并非真正拥有了这些数字劳动的生产资料。网民支付的费用实际上购买的并不是软件本身，只是一个软件的使用授权，这种购买授权的行为类似马克思提出的地租，网民以为自己拥有了数字时代的生产资料，但实际上只是在为大软件公司和数字公司缴纳“地租”。以此，微软以庞大的用户使用平台，建立一个伪

普遍性的标准,并借此垄断这个领域,在该领域行使资本权力,平台也渐渐沦为资本表演的舞台。这个领域就是马克思一般智力的直接体现。流量资本家以一般智力的发展成果限定了经济学规则,设置行业标准作为竞争壁垒,不断地利用经济学中的基本规律(如认识锁定效应、正反馈效应、网络外部性等)独享参与到被私有化和被控制的一般智力形式下的数以亿计的数字劳动,使庞大的现代化设备和互联网精英为流量资本主义提供免酬流量劳动,最大化地生产着流量资本的相对剩余价值。

四、空间扩张理论背景下的相对剩余价值生产

空间生产是以生产关系和再生产关系构建的新的生产场所。流量生产中产消一体的生产方式使生产与消费总是相互交织,产消关系不断发生聚合,传统的劳动者被产消者身份所覆盖,传统的生产场所也转化为产消合一的场所,因此流量生产暗含着空间扩张的内涵。以微信朋友圈为例,如果一篇微信文章有1万人阅读,其中有1000人分享至朋友圈,而每个人分享后又有100人阅读,那么阅读量就成了10万,是之前的10倍,这就是一场典型的空间扩张。随着互联网流量、舆情分析、算法等技术的日渐成熟,流量生产在这场技术变革中变得越发简易可行,流量生产的生产空间基本形成。流量生产从网络时空中的商品生产转向流量时空本身的生产,然而,流量生产带来的空间的扩张显然不止网络平台,如前所述的一般智力社会才是这场扩张的真正的目标,甚至随着技术的极速更新,这场扩张成为一场没有终点的旅行。随着流量空间的不断扩大,流量生产裹挟进越来越多的无酬劳动。这些无酬劳动自然延续着现实社会中的分工、协作,有组织地进行着流量生产,网民将虚拟空间转变为流量大工场自觉融入其中,流量资本的相对剩余价值生产不断扩张。随着空间的拓展,商品的生产从物质的层面转变为流量的层面,利用流量劳动和互联网平台的完整性,流量资本不断被拆解、分割和重新定义,构建起围绕流量主题的时空异化。从自然的剩余数据到人为的分析数据,网民在互联网中的消费属性被不断地剥夺,数字生产和数字消费之间日渐不平衡,资本逻辑的内在向度也不断地调节着这场不平衡,最

终实现流量生产在数字时空中的无限扩张。

随着科学技术的飞速发展，计算机技术已经成功地把信息以图像的形式转移至物质空间。在此基础上，大规模的流量资本投入其中，使得互联网的影响越来越广泛，已经把人们的日常沟通和消费行为变成了可以被利用的工具，甚至可以被用于制作和销售各种各样的服务。随着互联网流量的发展，未来的社会中，个体的基础设施、服务、消费等均会成为互联网流量的核心组成部分，而且会成为互联网产业的核心投资。因此，随着互联网流量的发展，社会中的每个细节和每个瞬息，都有望成为推动社会发展的有价值的投资。网红流量圈具备巨大的潜在能量，可以让人们从单一的文化领域拓展到更多的文化领域，从而增加文化价值。从多次的简单观赏到更多的文化活动，这些流量圈都可能让人们的文化偏好和文化倾向得到极大的满足和强化。当这些文化活动的影响力达到一定程度时，也可能引起更多的文化交流，拓展文化交流的范围，提升文化价值，最终使更多的注意力集中到网红身上，网红价值被拓展。当某个人加入某个网络热门话题时，他将成为这个话题的支持者和参与者，意味着该热点的空间范围扩大了；如果这个话题没有足够的热度，那么这个话题将逐渐淡出热门话题，而其原来的支持者、参与者、维护者也将随之消失。可见，流量大小能够以网红在互联网空间的接触面呈现出来，而流量增速则可以表现为网红信息外延的通道数量以及扩张速率。这意味着，一方面，扩展网红的互联网空间与流量生产之间产生了正向互促效应；另一方面，流量载体能够通过网红在互联网中的空间大小外显流量价值，以此吸引广告商继续以互促效应增加流量生产。因此，越来越多的流量资本家借助这种空间生产理论加强对网民流量生产体系的管理，尤其是将这种载体在空间中的外显性运用到流量生产中，提升流量生产的效率。

为了加速这种空间张力表现出的流量生产效率，资本在逐利逻辑之下甚至不顾权力机制的约束，出现各种越界行为。随着流量话题热度的增加，热门话题的影响范围将变得更广，热门话题的传播也将更快，这也会加速该热点的范围扩张。由于社交媒体的影响力，流量圈的文化边界、作用力边界也受到了广泛的影响，乃至这一话题原本的定义和范围受到了多种多样的影响。无疑，社交媒体的影响力必须在制度的可承受范围，如社交媒体的影响力、影响方式、影响范围要受到政策、社会价值观念、统治阶级意志等限制。然而，为了流量生产空间的拓展，流量资本家常以身试法，突破社会承受范围。比如，广电总局对papi酱进行了处罚，要求她删除低俗的内容。随着互联网的普及，网红的影响力日益扩大，其粉丝数量也在以指数级的速度增加，网络空间呈现以网红为核心的流量空间，网民则被困于此空间进行更卖力的流量生产，这就是空间扩张理论背景下的相对剩余价值生产机制。

本章小结

本章运用马克思《资本论》的研究视域，全面考察了流量资本的劳动过程与价值增殖过程，进而分析了流量剩余价值的基本内涵：以网民注意力为内容堆积的劳动时间。剩余价值理论不仅是马克思《资本论》论述的核心，也是马克思两个伟大发现之一，更是资本形成的物质基础。流量资本以绝对剩余价值生产和相对剩余价值生产两大逻辑展开扩张，在网络社会形成广泛的劳动剥削。一方面，基于权力控制、劳动控制和主体控制，网民在网络空间沉迷，流量劳动时间不断地挤压网民的休息时间，流量资本生产出绝对剩余价值；另一方面，基于流量技术控制、加速主义、平台资本主义、空间扩张理论等，网民不仅产生了对网络社会的依赖，也在流量冲击下不断地因欲望、意识、偏好、情感等产生了流量生产的自觉，加剧自身在网络社会从身体到精神的“贫困”，流量资本生产出相对剩余价值。

第六章 流量资本的扩张规律

资本主义再生产的特点是扩大再生产。在这一过程中，扩大再生产成为普遍现象，资本积累越来越多并且同扩大再生产之间不断地产生互相强化，结果就是资本主义生产力大大提升、资本主义生产方式被广泛传播。财产的所有权也随着扩张进入社会权力结构，成为新生产方式下的权力主导，深刻影响着社会发展的方向。当流量披上资本的外衣，作为一种资本样态登上历史舞台，必然显现出资本扩张的一般特性，也将深刻改变互联网社会生态。本章将运用马克思《资本论》研究视域，对流量资本、流量剩余价值、流量社会发展的后面两个阶段进行综合观察，剖析流量资本社会化扩张的历程，总结流量资本扩张的一般规律，为解决互联网流量的现实问题作理论总结。

第一节 流量资本的积累

一、流量的简单再生产

历史上，商品生产总是以连续不断的过程呈现，总是不断地重复同样的生产流程、生产阶段和生产步骤。因此，作为有组织的商品生产，连续不断的重复生产是其内在要求。同时，社会消费不停止，生产也不停止，整个社会表现为在生产中反复消费，在消费中不断地生产。这就是商品的简单再生产，即马克思论述的："每一个社会生产过程，从经常的联系和它不断更新来看，同时也就是再生产过程。"[①]流量生产作为流量的商品生产，也是连续不断的生产过程，是纳入社会化大生产的一个"零件"，这就是流量的简单再

① 马克思恩格斯选集(第二卷)[M].北京:人民出版社,2012:254.

生产。在资本主义社会中,劳动力的投入是价值增长的基础,而再生产则是将投入的价值转化为可以自我增长的价值。“简单再生产只是生产过程在原来规模上的重复”[①],不改变任何生产关系范畴的内涵,简言之,资本家仍然是资本家,工人仍然是工人。流量的简单再生产往往表现为数据流量载体的变更,即信息内容的变更,并未改变流量的生产过程以及生产形式,流量资本的简单再生产过程是流量资本主义生产方式下资本的一般运动形式。

简单再生产过程起源于劳动力购买,这个部分成为资本技术构成中的可变资本,其内涵是工人所必需的生活资料,所以资本家把工人自己的对象化劳动预付给工人。马克思认为,在成为劳动力购买者之前,资本家可能依靠某种历史偶然性实现资本的原始积累而成为货币拥有者,然而,经过若干年以后,资本家早已将其原有资本价值作为个人消费价值消费殆尽,这个时候的资本价值就等于资本家通过若干年不付等价物并且还大肆占有工人劳动剩余价值的全部金额,所以“生产过程的单纯连续或者说简单再生产,经过一个或长或短的时期以后,必然会使任何资本都转化为积累的资本或资本化的剩余价值”[②]。另外,通过简单再生产过程,劳动力和劳动条件相分离的生产组织形式日益固化,资本家在无偿占有工人劳动剩余价值后变得越来越富裕,工人在被剥削中越来越贫穷,直至除了身体一无所有,乃至“卖身”成为工人的必然且唯一选择。“资本主义生产过程,在联系中加以考察,或作为再生产过程加以考察时,不仅生产商品,不仅生产剩余价值,而且还生产和再生产资本关系本身:一方面是资本家,另一方面是雇佣工人。”[③]流量的简单再生产具有简单再生产的一切特性,或者说更加残酷。网民作为再生产的主体,不断地为流量资本家生产再生产的条件,使得资本家在流量生产中的获益最终超过自己的投入,甚至使原来的投入在雪球般滚动起来的流量生产面前变得无足轻重。然而,从互联网到网络应用,从关注的网红

① 马克思恩格斯选集(第二卷)[M].北京:人民出版社,2012:255.

② 马克思恩格斯选集(第二卷)[M].北京:人民出版社,2012:256.

③ 马克思恩格斯选集(第二卷)[M].北京:人民出版社,2012:260.

到流量明星，从沉迷的网络游戏到离不开的互联网工具，网民不曾拥有任何生产资料，反而刺激网民不断地使用直至依赖。网民以对互联网持续的狂热不断涌进网络空间，致使该群体越来越大，也使得互联网能够持续存有大量免费劳动力。网民为流量资本家生产着新的网民和更加忠实的流量制造者。通过流量的简单再生产，网民再生产出网民与流量。资本家这种强有力的以消费构筑的无偿雇佣关系越来越牢固，现实中表现为流量工人的网络上瘾（对网络产生心理上、精神上的依赖）、对某一免费产品的上瘾（沦陷在流量资本家的锁定策略中）。

二、流量剩余价值转化为流量资本

马克思认为，要将货币转变为资本，劳动力必须作为商品出售，这为我们揭开资本主义价值增殖的神秘面纱提供了重要的理论依据。马克思还指出，劳动力作为商品具有独特的性质："具有决定意义的，是这个商品独特的使用价值，即它是价值的源泉，并且是大于它自身的价值的源泉。这就是资本家希望劳动力提供的独特的服务。"[①]流量剩余价值转化为流量资本具有决定性意义的特殊性在于网民这一具有劳动力价值而不需要劳动力报酬的免费劳工的出现。公开信息显示，截至2022年12月，全球互联网用户数量已达49.5亿人，占全球总人口的62.5%。同时，每个互联网用户的上网时长也在逐年增加，2022年全球互联网用户平均每天使用互联网的时间是6小时58分钟。移动数据分析公司App Annie发布的《2022年移动状态报告》显示，2021年全球移动设备使用量为3.8万亿小时，创历史新高。网民源源不断地涌进互联网，源源不断地以免费劳工的身份为流量资本提供劳动，成为流量剩余价值产生的不竭源头。

流量剩余价值转化为流量资本，主要经历以下三个步骤：首先是流量商品剩余价值形态的变化。工人通过剩余劳动产生的剩余价值是以商品形式存在的，因此剩余价值转化为资本的第一步就是要将商品形态的剩余价值

① 马克思恩格斯文集（第五卷）［M］.北京：人民出版社，2009：226.

转化为货币形态的剩余价值。这一过程在流量资本生产过程中叫作流量变现，是流量资本商品形态向货币形态的转变。通过流量变现，流量资本家将网民生产的流量数据转变成一定的货币额，于是资本获得了能够行使预付功能的货币形式，也就意味着流量剩余价值转化为流量资本的第一步完成。然后是货币形态的剩余价值功能的变化。资本家将从剩余价值转化而来的货币额投入再生产中，流量资本由G增加到G'，剩余价值并入资本并以资本职能参与到追求价值增殖的生产过程，剩余价值就完成了向资本转化的第二步。最后是流量剩余价值生产过程的变化。剩余价值转化为资本，必将参与能够产生价值增殖的生产过程，而且是规模较之前更为扩大的生产。如前所述，简单再生产过程是对之前生产过程的重复，因此，从预付资本到生产工具、生产资料等都是之前的规模水平。然而，当剩余价值以货币形态加入新的生产过程，预付资本额增加，必将引起生产规模的扩大，意味着更多的劳动力、生产资料与生产工具。因此，流量剩余价值转化为流量资本的过程是流量生产不断扩大的过程，即网民数量与工作时长不断增加的过程。因为简单再生产不能满足剩余价值以货币形态参与资本主义生产的要求，必将是扩大了的再生产才能使剩余价值从简单的货币形态完成向资本的蜕变，成为能够实现价值增殖的货币，即资本。马克思说："资本只要把工人阶级每年向它提供的各种年龄的追加劳动力同已经包含在年产品中的追加生产资料合并起来，剩余价值向资本的转化就完成了。"①流量资本家则是将不断吸入的网民同一定的网络应用等相结合，流量剩余价值向流量资本的转化就完成了。

三、流量剩余价值转化为流量资本的具体形式

流量剩余价值转化为流量资本，就是流量的扩大再生产的结果。互联网及网络产品强大的市场势力总能强化互联网的市场需求，作为消费者的网民在网络使用中的弹性较小，因此网民总是随着新增人口的不断增加而

---

① 马克思恩格斯选集(第二卷)[M].北京：人民出版社，2012：262.

增加，这使得流量的扩大再生产成为可能。在流量资本家（有的资本家仅行使流量资本家的功能而不以流量资本家出现）的组织下，流量生产不断地实现扩大再生产，流量资本也因此不断积累，最终成为引导互联网生产、生活的一种强大力量。在现实生活中，流量剩余价值转化为流量资本也可称为流量变现，主要有以下三种具体的形式：

1.通过产品增值业务变现的流量

值得注意的是，流量资本的实现形式很容易与数字资本相混淆，而两者的根本区别则在于是否通过流量——用户数量实现资本增殖。以微信为例，智研咨询发布的《2020—2026年中国微信公众号行业市场经营风险及投资战略规划分析报告》显示：从2011年开始的微信月活跃用户数，到2019年微信月活跃用户数已经突破了11亿，而其市场估值也随着用户数的增加呈指数级增长。2013年4月，关于微信的估值，香港里昂证券给出40亿至50亿美元的浮动区间。到了2015年8月，汇丰银行估计微信市场价值达836亿美元。到了2016年6月，汇丰银行发布的报告显示微信的市值将达到1067亿美元。微信市场估值的增加正是随着用户增加而带来的流量价值攀升。腾讯公司的年度财报显示，不管是其增值服务如小视频、搜一搜、小商店等，还是其广告收入，其基础都是庞大的用户流量。

2.通过广告收入变现的流量

凡是流量，就代表一个入口，通过流量引流进行精准营销是互联网经济中的常态，而广告收入是流量资本最广泛的实现形式。以美国互联网大鳄亚马逊为例，2015年至今，随着平台流量的激增，亚马逊平台广告收入填补其营销支出的比例呈逐年上升之势：2015年，广告收入填补其营销支出的比例为32%，2016年，该数据上升到41%，2017年为46%，2018年为73%，到2019年，广告业务收入已经填补了营销支出的75%。Facebook和谷歌，其广告收入更是超越了主营业务：2020年，Facebook的广告收入已经是其市场营销支出的626%，谷歌的这一数据则是544%。可见，商业广告是广大网民注意力的最好的资本实现形式，商业广告已经成为流量资本家追逐剩余价值的重要途径。

3. 直接变卖流量变现的流量

变卖流量的典型做法是创造一个流量热点并将该热点经营为一个具有引流能力的流量IP，最后以IP的买卖、租赁等方式实现资本利润。该模式广泛应用于电影影视、短视频平台、网络文学、网络直播等，并且衍生出一种全新的盈利模式——网红经济。网红孵化经纪公司或者网络个体创造不同类型的网红标签，如明星网红、颜值网红、搞笑网红、美食网红等，这些网红标签往往超越了个体的自然属性，成为互联网流量IP，具有吸引流量、容纳流量、引导流量的功能，进而转变成具有使用价值属性的商品。资本也正是看重其承载的流量价值对其标价，如网红罗休休以15万元/视频的价格与广州某上市电商平台签约，该价格甚至高于一些二线女星的电视剧生产价格，而这一价值形式的价值支撑点就是该网红在美拍上的212万粉丝和在腾讯微视平台的240万粉丝所构成的互联网流量。

通过以上三种形式，流量资本实现了其增殖过程，流量资本家也实现了手中的货币到生产的资本的转换。

四、流量资本主义积累的历史趋势

流量资本积累的过程同一般资本积累的过程相同，即不断地创造条件使得劳动者和劳动实现条件的所有权逐步分离。流量资本积累的过程：一方面，使互联网公地转化为资本的私地，使网民生产的数据转变为资本的数据权力、网民的消费时间转化为流量的生产时间、网民的个人终端应用等转化为流量资本的生产工具；另一方面，使本作为消费者的网民转化为无酬劳动力。这个过程充满着资本原始积累的血腥。如果说对农业生产者实现土地的剥夺构成了工业资本主义全部积累过程的基础，那么流量资本对互联网数据的剥夺和对数据所有权的剥夺则铸就了流量资本主义全部积累过程的基础。占领互联网公地的数据和对网民的剥夺是同一个过程，流量资本家主要是通过两种扩张性剥夺实现的。一方面,伴随着网民在网络社会的无产阶级化,流量资本构成了扩张性资本化剥夺,为剥削更多的劳动创造了条件;另一方面,流量资本家通过扩张性商品化剥夺策略,将网民的网络生活资料商品化,以此增加剥夺的强度。这种扩张性剥夺方式促进了网民的无产阶级化,与古典原始积累类似,通过剥夺扩大,互联网公地效应为流量资本积累创造了前提条件。为了扩张其互联网公地,进而获得更多的互联网数据,资本家用尽全力使越来越多的网民卷入其中,产生了经济学上所谓的"公地悲剧"。前者仅仅是对无人扩展和管理的公地的过度使用,后者的"悲剧"实则是互联网生存下网民的悲剧,是对网民的过度索取与压榨。吃饭刷快手、走路逛京东、睡觉前再来一局《王者荣耀》,似乎成了目前很多人真实生活的写照,流量资本的积累无处不在、无孔不入,互联网公地最终沦为流量资本家的私产,互联网也成了"陷阱"最多的地方。

随着工业资本的迅速积累,发达的资本主义生产过程彻底消除了任何抵抗,使得劳动力的供求变得更加均衡,从而使得资本的增长得到了有效的控制,资本家不得不对工人实施借助外力的控制。公权力成为这场为了积累的控制最好的选择,也记录了资本主义残酷的发家史。压低工资的法律、惩治被剥夺者的血腥立法是描述资本权力的具体案例,充分说明了资本积累也是权力的扩张,即以资本主义生产关系为核心的权力扩张。以资本主义基本制度为核心,从经济到政治,从法律到意识形态,资本主义使用行政手段、权力手段、制度手段、法律手段等为流量资本的积累保驾护航。如2017年,美国联邦通信委员会(FCC)以《恢复互联网自由》(Restoring Internet Freedom)废止奥巴马时期的网络中立规则,而网络中立规则作为奥巴马政府实施的标志性监管行动,要求宽带提供商平等对待所有网络流量,不得阻止特定内容,或令其流量放慢,或对偏好的网站和服务提供更快的通道。网络中立规则的废止意味着网络服务提供商将有权为自家的网络业务进行加速,变相挤占了其他竞争者的市场空间,也放弃了保护全国宽带消费者的权益。2015年10月27日,美国参议院通过《网络安全信息共享法案》(CISA),允许美国政府与技术和制造公司之间共享互联网流量信息，以加强有关网络安全威胁的信息共享，改善美国的网络安全。然而，上述法案始终是为资本家立法，丝毫没有对普通网民的保护与维护。

随着资本的积累，资本主义生产方式不断得到积累并巩固，资本家群体产生。伴随着流量资本的积累，流量资本家以一种新的资本样态参与到行业分工与资本的竞争中，必将加剧资本家之间的竞争。同时，流量资本是脱壳于数字资本的资本样态，流量资本的发展始终依赖数字技术并与数字资本形成一定的交融发展趋势。随着时代的进步，资本家的竞争变得越来越激烈，他们的合作也变得越来越多样。科学技术越来越多地得到了运用，劳动力也因互联网网民的全球化变得越来越多，所有的生产要素都可以通过联合的、全球的劳动来实现，全球的经济都可以参与其中，资本主义体系变得越来越全球化。流量资本既有商业资本的某些特点，在现实中，也与工业资本、金融资本日益融合，势必带来生产资料的更大集中和劳动社会化程度的提升。这种由繁荣而促成的垄断势必强化互联网的繁荣，也将成为繁盛起来的生产方式的桎梏。法国著名经济学家托马斯·皮凯蒂在其《21世纪资本论》中就详细描述了这一现象，认为“资本收益率显著高于经济增长率是一切不平等的根源”[①]。日益壮大的由流量资本主义生产过程本身的机制所训练、组织和联结起来的网民必将觉醒，成为打破这场数据霸权、挣脱资本桎梏的强有力的力量。

第二节 流量资本的循环

一、流量资本的形态变化

资本的循环公式 $G—W—G'$，分别对应资本的三种形态。第一阶段，资本家作为买者出现在商品市场和劳动力市场，将货币转化为作为生产资料

① 托马斯·皮凯蒂．21世纪资本论[M]．巴曙松，陈剑，等译．北京：中信出版社，2014：Ⅸ．

的商品，表现为资本的货币形态。第二阶段，资本家用购买的生产资料组织生产活动，对所购商品进行生产消费。这个过程是资本主义生产的实质阶段，表现为生产资本形态。一方面，将生成一种包含剩余价值的新的商品；另一方面，由于剩余价值生成的隐蔽性，在资本循环公式中不能体现，这也正是李嘉图劳动价值论终结的原因。第三阶段，资本家作为卖者回到市场，这个过程是资本主义生产的实现阶段，表现为资本的商品形态，资本行使其“卖”的功能。凡是资本，总是在三种形态之间不中断地循环，资本总是以其中一种形态出现在人们的视野中行使价值增殖的功能。流量资本的形态变化也表现为货币资本、生产资本、商品资本之间循环，展现出流量资本作为货币、生产资料和商品三种不同的资本功能。本研究将就不同阶段的具体内容对流量资本的三大形态作深入的解析。

G—W：货币资本阶段。流量资本家准备购买生产资料时，最主要的考量就是其预付资本购买的生产资料是否能够吸引网民的持续注意力。这就不难理解，在各类数字产品的研发阶段，以交互性、用户满意度、用户体验感、用户操作性等作为关键性指标去考量；也就不难理解，在网络经济的商业竞争中，锁定、路径依赖、兼容性、标准等成为基本策略被采用。数字产品所赖以生存的技术性指标往往也会让位于市场（用户数量）而被抛弃。同时，各类持币待估的网红孵化公司在选择投资目标时，粉丝数量、粉丝黏度等基于吸粉能力的因素也是各类经纪公司考虑的唯一因素。整个互联网经济的导向即市场，其核心就是网民的用户忠诚度。这个阶段的资本虽然仍是以货币的形式存在，但是已经具有引导网络经济流量化发展趋势的力量，而信息通信技术在促进生产力的提升中为人类社会所带来的全面的自由解放的效应反而减弱了。

W—P—W′：生产资本阶段。马克思这样论述劳动的两个属性：“就使用价值说，有意义的只是商品中包含的劳动的质，就价值量说，有意义的只是商品中包含的劳动的量。”人类劳动是质和量的共同体，因此对劳动量的把握可以从劳动质入手，而资本家也正是这样做的。网民生产流量的劳动质就是构成流量使用价值的对“某一事物”的注意力，其中包含视觉力、听觉

力、触觉力、思维力、记忆力等。因此,流量资本家若要获得网民尽可能多的劳动量,就需要提供尽可能多的吸附注意力的“某一事物”,即前面提到的免费产品;为了刺激网民的视觉力、听觉力、触觉力、思维力、记忆力等劳动的持续输出,流量资本家还需不断地提供刺激,以激发网民的注意力劳动。这两个过程中,不管是“某一事物”的制造成本,还是刺激的维护成本,资本家都有成本的付出。但是,一方面得益于网络经济本身的外部性效应,另一方面得益于网民消费时空与生产时空的同一性特征,这个成本中的劳动力成本付出远远小于劳动力生产的价值,剩余价值由此产生。

$W'—G'$,商品资本阶段。商品资本是指以商品形式存在的资本,即以流量形式出现的资本。要实现这个阶段的资本职能,就需要将流量出卖以获得比投入更多的货币,俗称流量变现。如果深度聚焦流量的实际使用价值,流量最大的功能是引流,即为广大互联网商家提供一个类似于商场入口的标识,引导通过各种设备接入互联网的网民能够走入自己认为有价值或者感兴趣的互联网空间。不管是提供应用的网站、网页、App,如淘宝、京东、亚马逊等,还是吸引眼球的网红达人,如罗振宇、papi酱等,只要能引流就能变现。一般来说,流量资本的商品阶段包含三种形式:第一,流量融入吸附注意力的产品当中引起产品自身增值,资本家通过增值业务变现,如一款用户量达到一定数量的软件产品等;第二,流量融入吸附注意力的平台中,资本家通过该平台的广告收入实现剩余价值;第三,流量本身成为一个自由流通的主体,资本家通过直接变卖流量实现剩余价值。这三种形式在获得剩余价值的方式上存在差异,其剥削程度也存在较大的差异。

二、流量资本的循环过程

马克思曾说:“资本在生产领域停留的时间是它的生产时间,资本在流通领域停留的时间是它的流通时间。所以,资本完成它的循环的全部时间,等于生产时间和流通时间之和。”[①]因此,对流量资本循环过程的考察主要是

① 马克思恩格斯文集(第六卷)[M].北京:人民出版社,2009:138.

考察生产过程和流通过程，考察流量资本从产生到进入循环这两个过程中的存在状态、运动形态以及变化情况。

生产过程由劳动、生产资料、生产工具以及生产过程的中断等部分构成。任何一个生产过程都不可避免地存在一定时间的中断，这种中断可能是正常的生产行为，也可能是由自然力的作用引发的必要中断，如地窖中酒的发酵、农田里种子的发芽和生长等。中断的时间虽仍属于生产时间，但是却无法吸收工人的劳动时间，因此无法生产剩余价值。因为价值的基础始终是工人的劳动时间，所以“资本主义生产的趋势，是尽可能缩短生产时间超过劳动时间的部分”[①]。流量资本恰恰是符合这种趋势的资本。网民所有的互联网行为都会在网络中留下痕迹，即流量，因此凡是有网民足迹的地方就有流量生产，流量生产时间与网民的劳动时间完全重合。这也意味着，流量资本在生产资本阶段的生产效率可以接近无限大，价值增殖也无限大。只要有足够多的网民，流量资本的生产就不会中断，流量资本的循环也不会中断。

资本停留在流通领域中的时间，在资本组织生产的准备阶段和实现阶段，是必不可少的。为了实现更大的资本增殖，资本家总是愿意缩短流通时间，而相应延长生产时间。在流量资本的流通中，流量资本家往往利用经济学中边际成本递减的规律来化解这一矛盾。事实是，数字产品接近于零的边际成本使得流量资本生产过程大大地延长并与流通过程实现了重合，因此流量资本家总是在流量产品初具规模时就将其投入市场，开启其流通过程。然而，这并不意味着生产过程的结束，而是一边利用流量的引流优势继续带动网民进行产消合一的生产过程，一边实现流量的商品价值，而且这一价值会随着流量的继续生产而不断增大。就流通过程中的两个阶段而言，一些商业竞争、商业策略以及物流、周转等现实困难有可能延迟，进而延长流通时间。因此，*W*—*G′*的转化速度决定着资本价值的回流效率和剩余价值的实现效率，其顺利完成对于提高流通效率也具有重要的意义。商品本身的存在形式也使商品资本流通中的*W*—*G′*受到一定的限制，因为“由商品体

① 马克思恩格斯文集(第六卷)[M].北京：人民出版社，2009：141.

本身会变坏所决定的商品资本流通时间的界限，就是流通时间的这一部分或商品资本作为商品资本能够经过的流通时间的绝对界限。”[①]显然，流量资本的流通也超越了这一界限，产消合一的生产模式为流量资本的商业策略提供了充足的时间，也使得流量成为越陈越香的美酒。

三、流量资本循环中的重要结论

通过以上分析可知，资本在循环过程中表现为生产过程与流通过程的总和，而且是存在相互叠加、相互交叉的总和。尤其是在扩大的再生产中，资本不可能仅出现在一个过程中，而是在生产与流通中通过三种资本形态表现出来。因此，资本形态是唯一的。任何单个产业资本总是以货币资本、生产资本、商品资本三者中唯一的价值形态出现，而不能同时表现为多个形态。资本的形态是资本的存在方式，是静态的；资本的循环不仅仅体现在其物质上，还体现在其内在的结构和功能上，它们之间的联系和互相影响使得它们不断变换，从而促进经济的发展。比如，当一种物质被用于满足其功能需求的时候，它就会被转换成金钱，而其他物质也会被用于满足其功能需求，从而促进经济的发展。$W—W'$的循环模型持续发展，还有另外两种模型同样存在。无论哪种模型，资本的重新利用或者转移，都会持续发展，正如三个阶段的发展一般。总循环体系将三种不同的资源融合在一起，从而构建了完整的资源配置系统。原始投入、运输投入、消费投入以及最终的回报投入融合在一起，使得整个投入系统变得更加完整、更加高效。这些形态、循环之所以能够如此和谐、实现统一，根本原因是它们都服务于一个共同点——价值增殖。不管资本的形态如何变化，不论资本处于怎样的运动过程，价值增殖无疑是资本主义社会发展的核心，也是资本主义发展进入新阶段的基础。$W—G'$模型提供了一种可行性，能够帮助公司获得更高水平的盈利，从而推进发展。在$G'—W$中，即使运动以同样规模反复进行，循环也是以已经增殖的价值开始而以重新增殖的价值结束的。

---

① 马克思恩格斯文集(第六卷)[M].北京：人民出版社，2009：145.

这个结论对于流量资本的循环尤其重要。不管学界以何种视角审视流量资本，都无法回避流量资本作为资本价值增殖的根本目的和动机。随着数字化技术的迅猛发展，有学者将流量的生产和传播理解为马克思提出的运输劳动，有学者从文化与经济同一性的角度理解流量具体的生产过程，有学者从网络流量控制器bitSaver等的技术范式去解读流量资本，也有学者从分析下沉市场用户争夺战结束、互联网市场进入终场之战的角度看待流量资本，然而这些解读都忽略了流量资本存在的根本目的。技术范式、社会学视野、经济学策略都是流量资本为了完成资本循环过程的辅助工具，本质仍然是通过生产过程达到价值增殖的目的，即吸纳更多的无酬劳动，生产更多的剩余价值。最为典型的代表就是互联网超级App，如支付类超级App支付宝，超过20万个小程序、10亿的全球用户、70%的用户使用过该App上至少3种以上的金融服务，这些成为超级App的巨大优势。这些超级App因在功能、服务、用户上的数量优势而不断地提升循环速率，使得资本在三大形态中的转化更加有效，也就提升了资本的使用效率，客观上有助于资本实现其存在的根本目的。因此，流量资本在互联网社会表现出马太效应，而中小资本往往由于现金流短缺而缺乏竞争力，其本质是资本循环的低效率而导致的低增殖，使其最终失去资本存在的价值。据报道，超级App战略已成为全球资本追逐流量的重要策略，如东南亚的Grab、拉美的Rappi以及美国的Uber，通过外卖、出行、支付、快递、货运、生鲜等业务的自由组合不断扩大各自的商业版图，促进资本循环。

第三节 流量资本流通及利润平均化

一、流量资本的剩余价值转化为利润

剩余价值转化为利润，是资本主义现实生产过程为资本披上的一层神秘外衣，而资本的秘密或者本质正是被这些外衣一层层包裹才被遮蔽，需要对资本进行一系列“具体—抽象—具体”的认知过程才能真正认识它。流量资本，作为一个具体的资本样态，无疑也具有这层神秘的外衣，甚至具有更

好的遮蔽效果。关于剩余价值转化为利润的过程，马克思进行了这样的论述：以 k 表示成本价格，则 $k=c+v$。商品价值量 $W=c+v+m$ 就转化为 $W=k+m$。简单的变化使得 m 变成了成本价格 k 的利润，剩余价值也因此转变成资本的利润。马克思在此绝不是玩公式游戏，而是资本主义生产中的具体表象，也是展现在人们眼前的现实。在这个过程中，核心转变主要表现在两个方面：第一，虽然价值量本身并没有发生变化，但是 $c+v$ 被一个笼统的 k 代替。人们既看不到资本技术构成中的差别，更没有机会认识到价值的源泉 v；相反，资本的预付功能被强化了，m 演变为成本价格 k 上面的叠加——利润。第二，"商品的资本主义费用是用资本的耗费来计量的，而商品的实际费用则是用劳动的耗费来计量的。"[①]商品的实际费用不仅包括耗费的各种生产资料即物化劳动，还包括耗费的工人的活劳动，但物化劳动只是价值量的转移，只有活劳动才产生新的价值增殖。因此，利润是这一外衣用夸大了的资本功能代替了活劳动的价值增殖功能，甚至将资本的循环过程等一并计入资本在价值增殖中的作用，进而忽略对活劳动的劳动剥削与占有。利润和剩余价值的不同来自分母的区别。由于分母增加，同一生产过程中产生的同一剩余价值用利润率来表示要小得多，资本剥削也被掩盖了。因此，利润和成本成为资本家生产计算的普遍方法，剩余价值被利润彻底覆盖。

流量资本的剩余价值转化为利润的过程也就是在具体的流量生产中加入流量资本家各种成本耗费的资本盈利的计算过程。因此，我们首先来分析流量资本在货币资本阶段的技术构成，揭示以剩余价值为基础的利润计算过程。在这个过程中，流量资本的技术构成 $c+v$ 中，不变资本 c 的具体内容包括：①购买吸引注意力的"某一事物"的生产资料投入；②维护或持续流量生产的服务投入。在①的运行过程中，"某一事物"可以是数字产品，如网红发布的视频或图片；也可以是数字平台、App 等，如腾讯公司提供的微信 App；还可以是某些话题讨论等。总之，"某一事物"是用以吸引注意力的各类数字化内容，可以被看作流量的生产资料。这些数字化内容的核心是能

① 马克思恩格斯文集（第七卷）[M].北京：人民出版社，2009，31.

够在视、听、触觉或者思考、记忆力等方面对网民产生刺激,以获得其注意,所以其生产过程也包含对网民(劳动力)劳动激发的考量,可以被看作对劳动力的投入。可见,①资本的技术构成包含可变资本和不变资本。在②的运行过程中,生产资料的投入明显减少,特别是一些成熟的平台或技术,只是在建设初期为了建立网络经济的正反馈效应而保持与网民的感情维系与注意力的刺激,成本投入较多,随着经营的稳定,边际成本下降。因此,②资本的技术构成主要是可变资本,不变资本会因为网络经济零边际成本的特征而日渐减少直至被忽略。综合①②资本技术构成的分析可知,流量资本在货币资本阶段的技术构成以可变资本为主、不变资本为辅,同时,可变资本呈渐增趋势、不变资本呈渐减趋势。然而,所有资本最后均以k的形式出现在各大财务报表及大众视野中,至于网民无偿劳动力的增殖部分早已转变为企业利润,成为流量企业生产经营之所得。

二、流量资本利润转化为社会生产部门的平均利润

受流量拜物教的支配,数字资本、产业资本、金融资本开始以迅猛的速度聚集在流量资本的周围并依附于流量资本组织自己的生产经营活动。流量超越其信息技术内涵,成为一种承载广大网民免费劳动的商品,也因此产生了巨大的价值量。流量资本家正是看中了这种免费劳动力制造的巨大剩余价值以及制造剩余价值的能力。其实,流量资本对各大资本的吸附不过是这种巨大剩余价值及其制造剩余价值的潜力对资本的吸附,或者说是逐利的资本对这种蕴含着巨大剩余价值的免费劳动力的追逐。马克思在《1861—1863年经济学手稿》中曾论述了商品经济中利润到平均利润的转化,其前提是“如果把社会当做一切生产部门的总体来看,社会本身所生产的商品的生产价格的总和等于它们的价值的总和”[①]。在价格机制形成以后,剩余价值渐渐被利润、价格所掩饰,而平均利润进一步掩饰了不同部门、行业、产业之间不同的剩余价值。说到底,剩余价值实现了在各生产部门之

---

① 马克思恩格斯文集(第七卷)[M].北京:人民出版社,2009:179.

间重新分配,等量资本获得等量利润成为现实。因此,数字资本、产业资本、金融资本向流量资本聚拢,正是实现网民免费劳动力所提供的剩余价值在全社会的再分配,实现这个巨大社会免费财富转化为全社会各类资本的平均利润。网络社会中的众多关系是现实社会中的各种关系在互联网中的应用,资本对工人劳动力的盘剥始终是商品经济中铁定的基本关系。因此,存在于互联网经济中的流量资本不过是最早发现流量这个新大陆的资本,最终这个巨额财富将流入世界市场,被不同部门的资本占有,实现流量剩余价值在全社会的重新分配,实现资本家整体对网民整体的盘剥。这是资本主义生产关系的实质,也是流量资本吸附能力的本质所在。

随着流量经济的兴起,流量资本对传统的产业资本、金融资本,甚至新兴的数字资本产生了很强的吸附能力。就产业资本而言,利用网络流量开展摸底调研、产品质控、市场营销、售后服务、危机处理等案例不胜枚举,甚至要找到完全离开流量经济而独善其身的产业资本几乎是不可能的。在金融资本方面,利用网络流量参与企业管理和监督、寻找投资对象等案例数不胜数,甚至流量IP也成为近年来金融投资的新宠。2014年,阿里巴巴在美国上市即募资 220 亿美元。同样是2014年,在美国上市的京东当天收盘市值达290 亿美元,这些巨额资金看重的正是阿里巴巴和京东在中国国内市场中巨大的流量。值得注意的是流量资本对数字资本的吸附。数字资本与流量资本都是信息通信技术催生出来的新的资本形式,甚至很多人将数字资本与流量资本混为一谈。通过之前的分析可知,数字资本所生产的剩余价值来源于数字产品的研发团队,其核心是产品本身的技术性内涵;而流量资本所生产的剩余价值来源于引力点(某一事物)所吸附的网民,其核心是引力点所吸附的流量多少。然而,这两种不同的资本确实因信息通信技术的关联而具有很多共同的运行基础。以互联网平台为例,目前典型的平台类型包括商品交易型平台(如 Amazon)、社交媒体型平台(如 Facebook)、用户生成内容型平台(如 YouTube)、共享经济型平台(如Uber)、搜索引擎型平台(如Google)、工作众包型平台(如 TaskRabbit)、资金众筹与 P2P 融资型平台(如 Kickstarter)等,这些平台的成功运行无不需要流量加持。甚至,很多数字资本也日渐发展成为数字资本与流量资本的结合体,一方面研发优质的数字产品以获得市场的青睐,另一方面经营流量来证明其产品质量并从中获取广告收益。不管是信息通信技术造就的关联,还是数字资本与流量资本的日渐融合,本质都是资本对庞大的流量数据背后的价值的妥协,是对流量资本的妥协。

产业资本、金融资本、数字资本纷纷转向流量,其中有个关键因素,即流量使用价值中的注意力客观上正好利用了马克思提到的商品经济中的价值规律。马克思说:"随着价值量转化为价格……价格和价值量之间的量的不一致的可能性,或者价格偏离价值量的可能性,已经包含在价格形式本身中……规则只能作为没有规则性的盲目起作用的平均数规律来为自己开辟道路。"[①]流量的使用价值——注意力就像一头导盲犬,正好可以帮助价格找寻到这条潜在的市场规则,消解商品市场中的盲目性、滞后性、自发性,为产业资本、金融资本和数字资本规避市场风险,最终实现利润最大化。

三、流量资本扩张的实践理路

1.以产消一体的生产组织形式进行时间扩张,直至纯粹消费者完全消亡

"资本的趋势始终是:一方面创造可以自由支配的时间,另一方面把这些可以自由支配的时间变为剩余劳动。"[②]这说明必要劳动时间的缩短并非自由时间增长的充分条件。事实上,随着互联网技术对生产力的提升,即使网民自由时间确实增多了,也并不意味着可支配的自由时间增多了。这就意味着,多出来的时间并不完全受个人支配。在流量社会中,资本通过信息传导、流量引导,隐性或显性地为人们传输以物质财富和高消费为追求的价值观念。通过海量信息美化商品和消费行为,将浸满物欲的各种品牌塑造成一种价值体现和身份象征,刺激普通网民产生虚假的、不切实际的消费欲

① 马克思恩格斯选集(第二卷)[M].北京:人民出版社,2012:135.
② 马克思恩格斯选集(第二卷)[M].北京:人民出版社,2012:786.

望，甚至是被迫的消费。个人的自主性消解在消费的虚无中，更为严重的是，消费者在满足虚假需求的同时，也被迫投入更多的时间和精力去工作，以满足高消费的需求。生活世界与工作时间之间的界限变得越来越模糊，人们成为互联网流量生产的奴隶。

以当前流量经济中广泛使用的个性化营销模式为例，哈佛商学院的史蒂芬·汤克指出：创新过程的关键是实验。但是这里所说的实验，并不是封闭在生产者的世界，即企业内的实验室中进行的，而是将顾客带入其中的商业实验。在此过程中，成为知识生产率投入（分母）的，就是顾客对实验的反应，即以数据流量表现出来的顾客的喜好与满意度。根据相应的结果，调整提供的服务内容（产出），然后再观察顾客对此作出的反应，不停地重复这一过程。亚马逊、谷歌、微软等流量企业，都忠实地日复一日地在线上平台开展着将顾客带入其中的实验，并通过反复实验积累流量数据以实现精准化营销。“让顾客成为创新者”更能说明产消一体的扩张路径。通过让顾客参与创新，由消费者提供喜好等信息，再由生产者据此制作出契合个人的消费品，生产者试错和研发成本降低，在流量个性化聚集中实现高利润率的机制正在逐步形成。

2. 以泛流量化的产业布局进行空间扩张，直至纯粹线下经济完全消亡

流量经济的扩张得益于互联网空间的三大特性：超强的复制性、超越的时空性、开放的共享性。首先，流量企业借助互联网复制成本几乎等于零的特性进行大肆的市场扩张、经营扩张和产业扩张，而且不断地在扩张中实现盈利超越，在指数级数字化增长中实现空前的超大规模，所以在实体市场不可能找到匹敌亚马逊、美团、阿里巴巴等交易规模的企业。以中国的小商品市场翘楚——义乌与阿里巴巴旗下的天猫商城作比较，前者以义乌整座城市为场地，最高时仅能容纳7万多户商家，而天猫商城自2012年推出后，2013年末入驻商家就达到8万多家，到 2022年底已过千万。其次，互联网超越时空的特性大大增加了互联网的边界延伸性。在基础层确定的条件下，在线空间规模的扩大基本不受物质条件的限制，其规模效应往往呈指数级增长，这才成长出如此多的万亿美元、富可敌国的互联网独角兽。线下企业对于互联网企业不具有竞争力，甚至成为互联网企业的附庸，成为流量扩张的对象。如以苹果公司为核心，其“果链”不仅影响着众多企业的生存，更左右着地区乃至国家经济，而其背后的逻辑本质上仍然是流量加持下对大众消费的控制、对产业的控制。最后，互联网开放的共享性强化了空间扩张的张力，也改变着线下实体经济的经营逻辑。互联网空间是虚拟的，但并不意味着其价值也是虚拟的；相反，互联网空间以开放的共享性不断地强化着其内在价值，包括网民在流量生产中的劳动价值。一方面，使得早期的互联网企业享受着早期的价值红利而快速成长，不断地聚集起竞争的优势；另一方面，不断地吸引着线下实体经济，使得实体企业即使冒着沦为流量企业附庸的风险也要挤入流量的世界，分享互联网价值红利。因此，这场空间扩张既是互联网流量企业主动竞争的行为，也是线下实体企业主动拥抱互联网的行为，可谓双向奔赴，直至纯粹线下经济完全消亡。

3. 以生产力重构进行技术扩张，直至以生产工具、生产对象、劳动者等为基本要素的生产过程实现根本性变革

马克思说过：“固定资本的发展表明，一般社会知识，已经在多么大的程度上变成了直接的生产力，从而社会生活过程的条件本身在多么大的程度上受到一般智力的控制并按照这种智力得到改造。”[①]随着物质世界的改变，信息、情感、认知等非物质劳动逐渐取代以前的物质手段，从而越出直接的劳动过程和生产过程，以一种一般智力的形式产生巨大的生产力，给生产力内涵带来根本性的变革。习近平总书记用“新质生产力”来概括这种生产增长的新逻辑，强调要积极培育新能源、新材料、先进制造、电子信息等战略性新兴产业，积极培育未来产业，加快形成新质生产力，增强发展新动能。[②]新质生产力的核心内涵正是以互联网流量、互联网、云计算、区块链及人工智

① 马克思恩格斯选集(第二卷)[M].北京：人民出版社，2012：785.

② 习近平.牢牢把握东北的重要使命 奋力谱写东北全面振兴新篇章[N].人民日报，2023-09-10.

能等新技术为代表的生产力，数据流量是其中的应有之义。借助互联网流量经济，把知识转变为分布在网络上的一种馈赠，实现对传统的生产工具、生产对象、劳动者进行全方位的改造与变革，使生产力在技术扩张中实现重构，进而获得一种新的内涵。值得注意的是，这种馈赠并非公平的存在，而是显现出明显的资本的力量，在全球性的、信息化的资本主义社会助力新形式的资本积累，改变着劳动者的内涵。当信息不再是一种公共产品和共享物，而转变成以流量为内涵的商品，这种共享物的信息与商品的信息之间便存在着矛盾对立，也正是这种对立深刻地改变着劳资关系、生产关系，最终深刻地改变着劳动者。如前面论述中的产消合一生产模式、玩劳动概念、网络劳工群体等，都是对这种深刻变革的印证。当生产力发生重构，流量的使用也变得更加丰富，并以马太效应不断强化着对生产力的重构，所以“收集信息固然至关重要，但还远远不够，因为大部分的数据价值在于它的使用，而不是占有本身”[①]。数据要素被使用的过程就是其价值形态演进的过程，由数据产品转化为数据商品再到数据资本，数据流量在使用过程中不断积累，促进了这场形态的转化，也保障了数据流量价值增殖和资本化的过程。在流量经济背景下，收集、处理、传输、生产、分配、交换与消费等经济活动都成为助推生产力进步的环节，而运营、维护数字平台的流量企业则主导着这场生产力的变革。当全社会依赖数字流量和运营平台，当生产工具、生产对象、劳动者都依托数据流量重新定义，生产力的变革完成，流量资本也将扩张，进入社会经济运行的全部组织。

第四节 流量资本扩张的一般规律

一、流量资本不断扩张将引起网络劳工数量不断增长

资本对工人阶级的命运起着重要影响，甚至起着决定性作用。随着流量资本的日益积累，流量资本对网民产生越来越大的影响，主要表现为网络

① 维克托·迈尔-舍恩伯格，肯尼思·库克耶.大数据时代：生活、工作与思维的大变革[M].杨燕，周涛，译.杭州：浙江人民出版社，2013：156.

劳工数量的不断增加。一方面,资本的积累必将带来资本数量的增加与生产规模的扩大,随着流量资本积累量的增大,对网络劳工的绝对需求量也会增加。另一方面,就单个资本的技术构成而言,为了获得更多的剩余价值,资本总是试图提高可变资本的比例,也会造成网络劳工需求量的增加。实际上,越来越多的人被网络吞噬,网络劳工的概念不断扩大。流量劳动是流量经济时代资本剥削劳动的方式,呈现出很多新的特点。流量劳动以一种隐性劳动的方式改变了传统工厂的雇佣劳动,在平台则表现为消费性劳动或者隐藏劳动的消费。闲暇与劳动的边界被消解和打破,娱乐与工作实现融合,生产与消费也在时间和空间重合,如此造就了劳动剥削的隐蔽化、娱乐化,而传统劳资之间雇佣关系的紧张感也随之消失,呈现出互联网式反传统而带来的平和,也带来一种相对的不稳定的雇佣关系和组织生产状态。当然,这种松散的结构也弱化了对劳动保障的需求,甚至劳动保障以一种中心化权力机制与这种松散的产消一体化结构相矛盾。有学者说这是“一用即弃”的社会,劳动保障机制被排除在外。虽然从外表来看,这种劳动方式似乎非常自由、非常完善,让劳动者有机会充分利用他们的时间,但没有提供公正的薪水、尊重的职位,也没有让他们获得真正的价值。大多数劳动者来自社会底层,他们必须24小时紧张地应对着来自互联网的订单,从而使得他们的劳动变得毫无意义,仅仅是一种谋取生计的手段。此外,还有一种叫作无偿劳动的方式,即通过互联网来完成各种各样的社交互动。平台虽然可以收集大量的信息,但是它们并不能给予任何回馈。在这个过程中,出现另一个更深层次的问题:网民上网是个人消费时间,而作为价值承载者的时间又必须是社会劳动时间,因此网民的个人消费时间不断地转化为社会劳动时间,在技术革命之下,劳动时间不断被延长、劳动强度不断被加大。在此,借用卡斯特在《网络社会的崛起》中描述的“无时间之时间”概念来描述这一转化。卡斯特认为,在网络社会中时间已经随着网络社会对社会生活的影响而发生了向度转化,转入“无时间之时间”,即社会时间的支配形式。他论述:无时间之时间(这是我为我们社会的支配性时间性所命之名)产生于当某个既定脉络——亦即信息化范式和网络社会——的特征，导致在该脉络里运作之现象的序列秩序发生系统性扰乱之时。而这种“系统性扰乱”在今天的网络社会中比比皆是：弹性时间的工作、虚拟时间的生命周期、比秒还短暂的资本交易、一用即弃的社会、加速流动、永恒的短暂性……至此，可以说网民的时间早已不是自己的消费时间，而是受整个网络信息技术范式支配的社会时间，网民用这种社会时间生产出来的注意力成为流量资本的数据权力，网民也在这种“无时间之时间”中忘却自我，直至彻底沦为网络劳工。

二、数字生产边际成本递减规律将强化流量资本扩张

众所周知，边际成本递减的规律是企业扩大再生产的基础，然而，在传统经济中边际成本递减的范围是有限的，即超过一定的限度，生产一单位商品的边际成本反而会出现上升，企业也因此进入规模不经济状态，再生产也将面临缩减。因此，传统企业增加生产要素投入与扩大产能实现规模经济也是有限度的。在产品单一的前提下，传统企业无法实现持续扩张。一般而言，传统经济中扩大再生产总是多次来回往复，最后形成一个相对均衡状态。对于数字经济形态，生产一件数据产品虽然需要投入大量的人力、财力、物力等研发资源，但是一旦生产出来，增加供应则几乎不再需要新增成本。事实上，互联网很多企业生产都呈现边际成本为零的规律。因此，流量生产边际成本呈现持续递减甚至为零的规律，这意味着流量生产的规模将不再因成本与营收比例而被限制，流量资本的扩张具有无限可能。当企业可以以零边际成本组织生产，一方面，产品生产无限使得产品供给无限，同时还可以用数字化技术精准可控地促进供需匹配，流量生产的供需曲线将呈现持续上扬的趋势；另一方面，这一经济学逻辑与商品生产和剩余价值生产这一资本主义的首要特征相结合，流量生产势必出现总是不断更新的扩大再生产，流量资本也将呈现不断强化的资本扩张势头。随着互联网技术的发展，泛娱乐行业的活跃用户数量达到历史新高，“视频化”的发展也越来越迅速。以兴趣为导向的推荐算法的广泛应用，使得短视频平台的电子商

店销售额得到大幅提升。流量资本的扩张已经渗透到普通人日常生活的方方面面,即社会生活的全部。流量经济席卷互联网正是流量资本无限扩张的结果,不仅将网民个体裹挟其中,也将现实社会的市场主体带入流量的漩涡,流量经济呈现不可抵挡的扩张势头。

这场扩张不仅在总量上呈现对传统资本的超越,同时,传统经济理论中的市场供需特征和供需规律等也在流量经济中悄然改变,流量资本的扩张呈现出更多寡头经济与垄断经济的特征。在传统经济中,每个市场主体的供给能力都是有限的,因此,即使是同质化的产品也需要多个市场主体共同供给才能够满足市场需求。在流量经济环境下,单一市场主体能够无限供给某一类产品,满足市场全部需求,同时具备零边际成本。因此,这类市场主体没有边际成本的限制,更有能力去追求规模扩张,甚至市场垄断。无限供给产品往往容易造成寡头或垄断的市场格局。例如,2011年我国发生了"千团大战",经过惨烈的竞争,目前只剩下美团等少量企业称霸外卖团购市场。《2020年中国互联网发展趋势报告》数据显示:网约车仅剩我们耳熟能详的少数巨头;移动支付场景中微信支付与支付宝呈现双寡头争霸;电商市场"一超两强"格局稳定,京东模式在本地生活优势显现;综合视频格局大变,爱奇艺与腾讯视频双雄争霸,B站快速崛起;版权之战网易云音乐逐渐掉队,腾讯优势进一步巩固。随之改变的还有市场格局。腾讯研究院2016年第一季度发布的数据显示,女装分类下,月销售额超过百万元的网红店铺约有1000家,2015年的"6·18"大促中,销量前10位的女装店铺中有7家是网红店铺。2016年,淘宝C店年度销量排名前十的店铺,5家是由网络红人创建的。第一财经商业数据中心发布的《2016中国电商红人大数据报告》显示,2016年红人产业产值预估接近580亿元,远超2015年中国电影440亿元的票房金额。仔细想想这些数据背后的商业逻辑,无不是流量资本扩张的结果。

三、流量资本扩张使得网络化生存成为越来越多人的桎梏

随着科技的飞速进步,信息技术已成为当今时代的重要驱动因素,它不仅改变了传统的工作方法,而且改变了人们的思维方式,促进了从传统

的手工活动到智能化的创新活动的跨越。与信息的生产和传播相关的流量经济成为社会经济的主流,流量本身成为一种与劳动和资本同地位的生产要素,信息部门、数据部门成为经济发展中的主导,网络化生存成为越来越多市场主体不得不进行的选择。从柯布和道格拉斯的经典生产函数到现今的信息技术经济增长模型,都表明科技的进步正在改变人们的思维方式,从而提高了人们的创新能力,人力资本对经济增长的影响日益增大。在互联网经济中,资本自觉削弱自身的权力并将这种权力转移至劳动者和最终消费者,资本的回报才得以提升。[①]随着科技的发展,互联网已经不仅仅是一个用来实现权力嫁接的工具,而是为社会带来了巨大的变革。互联网不仅提供了更多的便利,让劳动者能够轻松地从事各种形式的内容创造,而且为现实社会带来了更多的机会,互联网社会本身也以去中心化、松散的结构呈现出更加公平、公正的趋势。然而,在劳动正义方面,情况却不那么乐观,劳动成果与劳动者的疏离越来越强化,甚至充斥着更多的劳动占有与无偿劳动带来的剥削和压榨。在流量经济中,流量的劳动者——网民大多不能认同自己的劳动者身份,仍然以消费者视角占主导。互联网环境本身存在共同创造价值的可能,而现实中也确实存在互联网价值货币化或者资本化的众多例证,市场主体对网络的青睐变成一种更为自觉的选择。

资本家在面对科技和生产力的飞速发展时,也会如普通人一样表现出一种对技术缺乏把控而产生的前所未有的恐慌。曾经,资本家整合工人与机器,从生产资料、生产工具到劳动力都是物质性力量的聚合。随着通信技术、计算机技术、算法技术、互联网流量技术等的发展,数字界面、数字生活、数字社会成为主流,物质性力量在数字力量中消退,不可避免的资本扩张与无法掌控的数字技术之间的矛盾冲突将加剧资本家个体的焦虑与恐慌,于是,技术控制、技术权力成为资本家不得不面临的选择,这为市场主体自觉选择网络化生存提供了一种情感的动力。传统的工业资本家、金融资本家

① 姜奇平.新文明论概略[M].北京:商务印书馆,2012:273.

以及新产生的数字资本家都将参与到这场争夺对技术的控制的战争，而流量作为各种互联网技术简单整合的显性表现，不仅能消除资本家对技术难以把控的恐慌，也能满足资本家尽快变现、盈利的心理特征，必将受到资本家的青睐。越来越多的资本转向流量资本，或者说具有流量资本的功能。以互联网数据为例，“直播+”模式已被广泛应用于不同的行业，为用户提供优秀的、丰富的在线服务。由于网络电商的发展，在线直播已成为一种重要的社交媒介，促进了社交媒介的快速发展。淘宝、抖音、小红书、快手等平台相继提供直播间服务，邀请明星参加直播间活动，让消费群体感受到购买的快乐。2018年，淘宝直播平台带货商品交易总额超过1000亿元，淘宝直播间的单次销售额更是破亿元。2020年，双十一的淘宝直播间活动取得了惊人的成绩，33个淘宝直播间成交超过1亿元，其中不乏天猫商家、集市商家和新农村经济的代表，使得淘宝直播间迅猛崛起。尽管电商的直播方式和内容各有千秋，且每位主播的风格都有所不同，使得观众的关注度有所波动，但这丝毫不影响投机者热衷于获取更多的关注度和收益，不影响资本家群体对流量的追捧与膜拜。

对无酬劳动的贪婪也将促进市场主体对网络化生存产生自觉。用户劳动作为资本主义新的无偿劳动形式为资本积累和扩张创造了条件，用户劳动（无酬劳动）成为剩余价值的来源。在信息化、数字化、流量化的潮流之下，资本主义社会下的网络参与社会生产更多地表现出与网络个体生活时间的吻合性，正如Facebook用户将Facebook作为日常交流和互动的一部分，生产时间和非生产时间的区别也在这种频繁交互中变得愈加困难，当然也就更难定义构成价值来源的劳动的具体内涵和属性。互联网因这种难以界定的劳动来源变成满地黄金的公地，只要资本家善于耕作，巨大规模的网民能够提供无限的流量劳动，也意味着无限的剩余价值。于是，复杂的企业间合作网络频繁实现，情感、品牌、声誉和其他更多难以量化的属性所构成的这些无形关系掩盖了马克思从经验出发论证的劳动创造价值，市场主体纷纷选择网络化生存，其本质不过是对剩余价值的追逐。

本章小结

本章考察了流量资本积累、循环、流通以及利润社会化的扩张过程。无论是流量产品的宣传、推广和营销,还是以流量助推价值观念的传播和重塑,本质上展现的都是流量资本从财产权力到社会权力的转化,反映了流量社会的运行机制。随着流量资本积累完成,流量资本的扩张本质、一般规律和历史趋势日渐显现,流量资本主义生产组织形式愈加成熟,流量资本主义生产方式成为资本主义社会新的生产组织方式。在此,流量剩余价值在不同样态的资本之间分配,并以流量资本利润率社会化掩盖剩余价值的本质,完成社会化扩张。流量资本扩张的现实问题也表现出来:第一,流量资本不断扩张将引起网络劳工数量不断增长;第二,数字生产边际成本递减规律更将强化流量资本扩张;第三,流量资本扩张将使得网络化生存成为越来越多人的桎梏。流量资本扩张的现实问题,既体现了流量资本扩张的一般规律,也预示着流量资本主义的未来。

第七章 流量资本辩证否定的实践超越及具体路径

当流量资本完成了“生产—流通—社会化”的历史演进，流量剩余价值也实现了“生产—交换—分配”的空间布局，资本主义社会“产生—发展—灭亡”的历史逻辑逐步展开。中国目前仍处于社会主义初级阶段，利用资本生产组织的要素职能发展社会主义经济仍然是我国面临的客观现实。因此，怎样在流量资本社会化过程中，以辩证的立场应对流量资本的扩张挑战，使得流量剩余价值在合理空间内生存，破除资本自我编制的制度牢笼，成为我国在流量资本实践过程中面临的难题。本章将综合运用马克思《资本论》研究视域，结合中国式现代化的实践历程，找寻流量资本实践超越的具体路径。

第一节 实践超越之现实依据

一、经济层面：流量资本对产业发展的绑架与实体经济的弱化

随着流量资本的兴起，一个新的具有较大影响力的网络资本社会逐渐建立起来。随着网络技术的发展，越来越多的企业开始以“生态圈”或“某某系”的模式进入互联网领域，以此来开拓市场，增强企业竞争力。随着网络技术的发展，越来越多的网络公司崛起，其中蕴藏着强大的网络资金流动，形成了一个庞大的网络财富积聚体系。与传统的工商管理模式相比，网络财富的流动性可谓前所未有，它可以让各行各业的公司得以快速融合，形成一个庞大的社会体系。以美国亚马逊公司为例，围绕亚马逊平台已经形成了一个整体且系统的产业生态链，提供包括金融服务、供应链服务、收款服务、物流服务、知识产权服务等一站式生成服务，同时整合了世界范围内的软件服务商、各种跨境平台、小工具和网站、引流网站等，其协同共促效应和

规模效应都是巨大的。同时,各个产业链内部又形成了新的生态链,不仅整合了资源,还降低了成本、提高了效率。以供应链服务为例,涉及工厂、仓储、物流、IT系统、资金清算、海关、货物调派,也联合了金融服务,把商流、信息流、现金流、物流整合在一起,同时与第三方结算公司实现绑定,形成资金链闭环,能够最大限度地规避风险。在此生态系统下,亚马逊公司的竞争力是巨大的,对实体经济的冲击力也是巨大的,吸引着各类企业争相加入其商业生态系统,享受整合的红利。亚马逊实现了对各类产业发展的绑架,成为商业巨无霸。传统企业则由于技术与市场的双重挑战,往往面临着巨额的融资压力,使得企业发展受到限制,甚至导致许多企业面临巨额的债务,最终不得不选择数字化转型,或者直接倒闭。例如,传统企业苏宁电器在2017年瞅准时机,跟上时代的脚步,提出"智慧零售"新概念,开辟电商品牌"苏宁易购"。企业在线上、线下进行多个端口布局,在完善供应链结构、提高物流效率等方面进行多渠道整合,以用户为核心,在塑造品牌、提升品牌影响力和创新经营等方面着力,最终使企业走出困境,堪称实体经济转型流量经济的典型案例。

由于流量剩余价值的出现,网络资金的汇聚与沉淀变得异常迅猛,进一步推动了杠杆资金的迅猛增长,使得流量企业能够比传统企业拥有更多的资金、掌握更多的信息,从而有利于进行跨界收购。随着网络技术的不断普及,网络资本可以利用它们强势的渠道,以及先前的优势,有效地推动传统企业及新兴的互联网企业的发展,出现顺势者昌、逆势者亡的局面。传统企业也在这场流量盛宴中主动寻求变革,积极完成流量化转型,从而享受互联网数据流量的红利,获得更高的效率和更高的利润。在这场互联网流量与实体经济的双向奔赴中,网络企业可以充分利用其先发技术优势,与传统企业结合,以最大限度地提高流量化改造的效率,实现利润的最大化。这些因素不断强化并推动着流量资本的增长,有效地促进了跨越不同行业的网络资本的整合与合作,流量资本的地位也因此不断巩固,最终导致实体经济的不断虚化。以美国经济为例,近年来美国实体经济的虚化现象非常严重,数字经济、金融服务等虚拟经济在美国经济中占据重要地位。根据美国2022年公布的GDP数据，第一产业在GDP总量中所占比例仅1.05%，第二产业在GDP总量中所占比例为18.01%，第三产业在GDP总量中所占比例高达80.94%，成为扩大美国经济规模的核心，数字化对实体经济的绑架与挤兑可见一斑。另外，2022年美国、中国、德国、日本、韩国等5个主要国家的数字经济总量为31万亿美元，数字经济占GDP比重为58%，流量经济与实体经济的比例权重也由此可见。

二、政治层面：流量资本对意识形态与文化传播领域的侵蚀与挑战

随着流量经济的兴起，资本集聚效应变得越来越突出，进一步推动了数字经济的发展，但也给意识形态领域和文化传播领域带来了挑战。首先，资本的不可控增长导致严峻的贫富差距，这种差距加大了社会不平等，分裂了社会道德标准，也弱化了社会主义核心价值观念的引领力。国际慈善组织乐施会的调查结果显示：2019年，全球最富有的2153人所拥有的财富总和超过位于财富金字塔下层的46亿人的财富总和。古特雷斯更进一步指出，26位富豪掌握全世界一半财富，他们大部分从事互联网行业。在这种剧烈的对立中，社会的公平与正义被阶层固化、阶层利益和圈层文化等外在形式所掩盖，流量带来的冲击、互联网流量投喂的快感、物欲横流的网络社会等，使得普通网民的价值感知日渐麻木，社会道德标准连同互联网吵闹的声音消失在流量的洪流里，社会主义核心价值观的引领力也在这些掩盖、麻木与消解中不断地被弱化了。其次，普通民众在互联网流量洪流中犹如沧海一粟，传统劳动带来的个人价值感、实践传导的个人存在感变得越来越微弱，现实中人与人的依赖、联系与亲密关系也被网络社会的虚拟交往形式所替代，人的认知能力、思维能力、反思能力、批判能力等在此过程中日渐退化，社会意识形态被弱化为网络意识形态与非网络意识形态，人类社会甚至出现一种意识形态与文化传播的危机。

从微观层面看，流量成为资本逐利与扩张的利器。人们在追捧流量资本时，也不可避免地陷入这种极端个人主义与物质主义价值观念的泥潭，并

且在自由开放的网络中大肆传播，进而带动整个社会意识形态与文化传播的价值取向，严重影响社会主流价值观念的传播，破坏社会文化生态。2012年，《1942》《王的盛宴》两部电影遭遇“水军”之祸，让纯粹的电影事件变得失态和扭曲，让人们对互联网意识形态传播危机有了深刻的认识，也使得以流量为特征发布各类“煽动性”言论的“网络水军”浮出水面。“网络水军”，指的是那些接受雇佣，以金钱形式来操纵社交媒体，以及利用这些媒体来传播谣言、发布负面信息的群体。“网络水军”一般拥有复杂的组织结构，由其负责人组成团队，通过一致性言论传播在网络中形成流量效应，带动并左右公众舆论。互联网的自由和宽容，在某种意义上，给予了普通民众表达意见的机会，从而达到传统的宣传模式所不能达到的效果。然而，当互联网传播进入流量时代，流量使得舆论传播具有更大的效益与价值，趋利的资本也随之而来，开放包容的互联网舆论场也变成利益收割的战场，“网络水军”由此而生。近年来，从国家级到县市级，不管是大型的政府网站还是小型的社会活动，都有一些水军的参与。他们利用互联网传播的技巧和知识，以及互联网对公众的影响力，把自己的价值观念强加给公众，从而实现他们想要的利益诉求。“网络水军”与流量资本完美结合，罔顾社会主流意识形态与价值标准，俨然已经成为互联网言论的掌控者，是流量资本出现以后典型的社会意识形态和文化传播问题，是资本对网络意识形态进行权力控制的表现形式。流量资本实现从技术控制到经济控制，再到意识形态领域的控制，而以逐利为目的构建的意识形态必将是一个真理缺失、认知落后、狭隘可怕的价值结构，长此以往，必将对现实社会主流价值观念产生恶意的破坏与长远的影响。

事实上，今天的流量资本往往借助其强大的传播能力，不断强化其在意识形态领域的控制力，甚至直接参与到大型政治事件中，成为世界舆论战中的主角。近年来，西方国家多次借助其主流媒体的流量效益与强大的传播能力对中国进行抹黑，如英国BBC对中国进行报道时的“阴间滤镜”、新疆棉事件等，中国外交部点名批评BBC是谎言制造者，俄官员批其彻底沦为“假新闻工厂”。可见，流量一旦披上资本的外衣，将不再具备其作为技术的客观性与公正性,转而成为资本利益的工具,进行有倾向性的意识形态与文化传播。进入流量时代,网络流量也成为西方国家进行“颜色革命”的开端,其标准操作是在网络上大肆传播自由、民主、人权的言论,起到煽动舆论、带动民众的效果,再转为线下的打砸抢杀、行凶闹事等暴力行为。基于此,切断网络成为很多国家粉碎“颜色革命”的重要手段。例如,俄罗斯在特别军事行动前对自己的网络进行了极限检验,甚至采取了切断与国际互联网联系的极端方式,确保俄罗斯拥有独立的网络空间,预防美国利用网络对俄罗斯实施致命攻击。习近平总书记多次对网络安全、网络治理、网络意识形态问题进行部署,并指出:“要依法加强网络空间治理,加强网络内容建设,做强网上正面宣传,推进网上宣传理念、内容、形式、方法、手段等创新,把握好时度效,构建网上网下同心圆,培育积极健康、向上向善的网络文化,坚决抵制各种错误思潮侵袭,为广大网民特别是青少年营造一个风清气正的网络空间。”[①]

三、社会层面:流量资本对传统社会秩序和公平正义制度体系的挑战

早期的互联网创新者以其独特的视角,利用其敏锐的洞察力以及互联网思维,成功地打破了传统的营销方式与经营模式,以互联网流量为依托将产品推向更广阔的用户市场,创造了一种新的经济形态。随着一个个互联网平台的出现,一方面,流量企业为社会经济发展创造了更具潜力的市场空间、为用户提供了更多的便利、为社会注入了更多的发展活力;另一方面,流量企业开始设定互联网产业标准、电子行业标准、数据流量分析标准等,以促进流量经济健康发展。当各企业都希望将自己的核心技术设置为行业标准,标准之战不可避免,严重损耗了社会发展成本,甚至挫败了社会的创新机制。如卡尔·夏皮罗在调频立体声标准争夺战中就总结指出:“不兼容的竞争方式可能会扼杀或延迟技术的成长。”[②]同时,标准的设定也严重影响了

① 总体国家安全观学习纲要[M].北京:学习出版社,人民出版社,2022:115.

② 卡尔·夏皮罗,哈尔·R.范里安.信息规则[M].孟昭莉,牛露晴,译.北京:中国人民大学出版社,2017:215.

人类社会开放包容的发展方式,为新主体加入竞争、获取流量设置了壁垒。特别是受网络经济外部性效应的影响,早期企业的流量效应多层次叠加,加剧了新企业进入的壁垒。这种壁垒,本质上讲,就是对原有经济制度与经济格局的挑战,是以流量数据等技术应用重塑经济制度格局的表现。原有制度设定中经济社会协同发展的全面考虑被技术革新所带来的行业发展所遮蔽,既阻碍了企业从传统经济模式到网络经济模式的转型,也影响了社会主义市场经济公平公正公开的竞争秩序,甚至给社会主义公有制带来了新的问题。

资本总是试图以独特的手段谋求暴富,以高额的报酬来支付长期的税款,并不断地以资本为基础构建其社会秩序。同时,生产在分配中扮演着至关重要的角色:它不仅影响着资源的分布,还影响着资源的使用。当平等、正义的利润分配激励机制被资本破坏,公有制主导的制度体系和社会秩序将被不断挑战。这场挑战沿着生产路径一直蔓延,“消费资料的任何一种分配,都不过是生产条件本身分配的结果;而生产条件的分配,则表现生产方式本身的性质”[①],整个社会制度体系都在被不断地破坏。工人的职业和身份在经济社会和政治领域的作用被弱化,劳动者被迫以低廉的成本来换取更多的报酬,职业体系被破坏;垄断资本可以以任意的方式来控制金融市场,迅速地将财富聚敛到自己的腰包里,金融体系也被破坏了;当剥削变得无处不在,剥夺工人的工具更加广泛,贫富差距加剧,也意味着公有制的制度体系被进一步破坏了。更具体地讲,新型的数字化社区严重损害了市场的公正、自主、竞争、高效、可靠的信息、合理的定价和供求的均衡。在数字经济时代,由于数字经济所具有的高度先发优势、超强渠道控制能力、高产业渗透性以及数字剩余价值的高度掠夺性和快速累积性,使得网络巨头的平台垄断成为网络经济时代普遍的现象。[②]随着互联网技术的迅猛发展,反

---

① 马克思恩格斯文集(第三卷)[M].北京:人民出版社,2009:436.

② 林子樱,韩立新.数字经济下平台竞争对反垄断规制的挑战[J].中国流通经济,2021,35(02):26-36.

垄断已不再局限于传统的监管机构，而是可以通过更加灵活的方式来实施。这种新型的竞争机构可以利用互联网技术的先进性、可扩展的渠道、可持续的资源配置等特点，实现公平、公开、公正的企业竞争。随着互联网技术的发展，网络平台的垄断已经严重影响到整个市场的运作，它们的强势地位让它们可以独霸一方，从而改变了原先的社会秩序，并对社会产生深远的影响。随着数字资本的不断发展，一些巨型网络公司已经具备了跨界的影响力，从而变身为横跨多个产业、多个行业的综合实体。它们不仅掌握着千万个劳动者的工作，还掌握着亿万个消费者的消费习惯，从而进一步增强了其对经济的掠夺与对社会的控制。传统企业却无法自主地构建和发展网络服务。随着互联网的普及，大型的网络平台已经彻底改变了传统的经济格局，传统企业被分割成几部分，其中一部分能够获得利润，另一部分则被淘汰。传统的工商业资本主导的经济体系发生了巨大的变化，使得劳动力的消耗变得更加严重，而非网络资本的利润也变得更加有限。但是，传统经济也拥有互联网经济、流量经济不可替代的作用与功能。因此，如何合理引导这场流量主导的互联网经济与传统经济的有效融合，而非简单地对传统经济进行分割、包围、压制、替代与淘汰，形成线上线下互动互补的经济格局，促进整个社会经济健康长远发展，是流量经济时代应该深思的问题。

第二节 实践超越之理论依据

一、资本的双重性质与流量资本扩张的边界

马克思认为，生产力的发展是推动世界市场形成和发展的根本动力，大工业的发展和资本的扩张，带来生产力的提高、社会交往的扩大、生产方式的改变，为世界融合发展创造了条件。资本在世界历史舞台上展现过积极的一面，但随着生产力的不断发展，资本作为生产要素的职能日渐超越了生产的界限，转而成为压迫人、剥削人的利器，并在全社会掀起了对物质财富贪婪崇拜的拜物教意识形态。资本逐利的贪婪本性被不断强化，甚至超越

了其生产要素职能，成为固化的资本主义生产关系的本质，禁锢生产力发展。马克思在《资本论》中研究的资本，本质上代表的是资本主义生产关系。随着世界市场不断拓展，资本在全世界范围扩张，生产的计划性与社会生产的无序性之间的矛盾、生产资料私人占有与社会化生产之间的矛盾也随之扩大至全世界，进一步加深了资本的罪恶、资产阶级与无产阶级之间的不平等、世界各国发展的不平等，乃至影响了世界的公平与正义。尽管如此，我们仍然不能否定资本积极的一面，或者说，我们在否定资本贪婪性、破坏性的同时，不能连带资本对生产组织的有用性一起否定了。实际上，随着社会主义市场经济改革实践的不断深入，我们对资本的认识也愈发客观，不仅充分、完整、准确地理解了马克思资本理论，甚至表现出以社会主义公有制的制度优势超越资本罪恶本质的自信。从2015年以来，资本市场的改革发展就受到决策层的重点关注，经过3年多的持续探索，“发展资本市场是中国的改革方向”的论述愈益丰满。2018年10月20日，国务院金融稳定发展委员会召开防范化解金融风险第十次专题会议，提出了稳健中性货币政策、增强微观主体活力和发挥好资本市场功能的三角形支撑框架，同时强调要发挥好资本市场枢纽功能。2018年的中央经济工作会议明确提出，打造一个规范、透明、开放、有活力、有韧性的资本市场。2022年4月29日，习近平总书记在主持中共中央政治局第三十八次集体学习时就曾指出：“在社会主义市场经济体制下，资本是带动各类生产要素集聚配置的重要纽带，是促进社会生产力发展的重要力量，要发挥资本促进社会生产力发展的积极作用。”①

在政治经济学批判中，从资本性质到流量资本扩张的边界是一种展开路径，构成了资本本身历史性在场的内在有机环节。一方面是以本质展开的逻辑扩张机制，另一方面是以现象表征的逻辑机制受阻、扩张停滞，流量资本在理论上的无限扩张与在物理上的有限扩张并存，构成了流量资本扩张的现实界限。具体而言，流量资本扩张的边界包含四个方面：第一，网民流量劳动能够产生的价值的界限是网民的必要劳动；第二，流量经济的繁荣

① 习近平经济思想学习纲要［M］.北京：学习出版社，人民出版社，2022：78.

和产业扩张的界限是流量剩余价值；第三，表现为货币的流量价值本身构成了流量生产的界限；第四，流量价值构成了互联网注意力生产的界限。作为资本的流量，其扩张必然无限接近于以上边界，进而彰显资本扩张的逻辑与张力。然而，随着流量资本的扩张越来越接近边界，必然形成资本的反噬，束缚并破坏流量经济的生产力，陷入马克思所论述的“两个必然”。

二、科学技术的正义与流量数据的正义

马克思将科学技术定义为人的本质力量对象化活动的产物与体现，尤其强调人类意志、人的劳动、现实实践在科学技术进步中的必要性。因此，马克思虽然表现出对科技异化人的忧虑与批判，但是更多的是强调科技的历史进步性。正如恩格斯所言：“在马克思看来，科学是一种在历史上起推动作用的、革命的力量。任何一门理论科学中的每一个新发现——它的实际应用也许还根本无法预见——都使马克思感到衷心喜悦，而当他看到那种对工业、对一般历史发展立即产生革命性影响的发现的时候，他的喜悦就非同寻常了。”[①]科学技术促进了人类生产力的提高，三次科技革命的历史事实证明：科学技术是人类社会发展的物质基础和恒久动力，是社会关系与生产方式变革的重要力量。当前，信息革命潮流浩浩荡荡，当数字技术出现并且成为社会重要的生产要素，我们理应从科学技术的正义中去理解它，积极拥抱数字时代、流量经济，并从中找出能够增进人民福祉的更好的生产生活方式。党的十八大以来，以习近平同志为核心的党中央高度重视发挥信息化、数字化在助力民生保障中的重要作用，多次强调“运用大数据促进保障和改善民生”“要用好网络信息技术，发展远程教育，推动优质教育资源城乡共享”“要完善人口健康信息服务体系建设，推进健康医疗大数据应用”……这一系列重要论述，充分彰显了数字化、流量化等科技进步在促进高质量发展、创造高品质生活、不断满足人民对美好生活的向往中的科学指引，彰显了科学技术的正义。我们应从流量资本中技术的正义立场去理解它、引导

① 马克思恩格斯选集（第三卷）［M］．北京：人民出版社，2012：1003.

它，最终实现对流量资本的有效利用。

事实上，由于流量资本的兴起，大多数人的工作时长显著减少、工作负担显著减轻。这种变革为流量经济的发展奠定了坚实的基础，不仅推动了传统经济结构的变革，还实现了更高的效率，从而实现了更大的收益。由于科技的发展，传统的工厂模式已经不能满足当今的需求，在数字化环境下，流量企业可以利用流量工作模式以及网络技术，减轻劳动者工作的身体负担，并以充满吸引力的方式重塑劳动者对劳动的认知，将原本的工厂模式转变为智能模式，提高企业的生产组织效率，提升企业的整体生产力，进而提高整体经济效益，达到经济发展的目标。首先，雇佣人数的减少为企业节约了人力资源成本，并间接减少了管理成本，使得企业有更多的资金投入到研发当中，有助于提高企业乃至全社会的创新创造能力。其次，由于移动互联网的发展，人们不再受到传统办公方式的束缚，他们有机会在家中进行远程办公。从个人的角度，这减少了劳动者个人的工作成本，如通勤费用、食宿费用等；从社会的角度，这优化了社会劳动结构，使更多的人在职业劳动与家庭劳动之间取得平衡，使得劳动者体验到不同劳动的乐趣，客观上有助于劳动者健康自由的发展。最后，流量的广泛应用，为企业采取全面的网络管理、提高评估工作效率、优化工作机制等提供了便利，大大降低了企业和劳动者之间的认知误差。经过对流量数据的重新组织，企业能够实时根据流量数据提升评估的精准性，及时根据流量数据修订优化激励方案，同时，使得员工激励效果能够得到实时反馈，这将大大有助于提高劳动者的积极性，更好地完成既定目标与工作任务。

第三节 实践超越之历史依据

一、辩证否定的分析方法是看待流量资本的基本立场和方法

如前所述，流量资本既有资本趋利的劣根性，也有作为生产要素的积极性，因此，辩证否定的分析方法是看待流量资本的前提，也是流量企业取得

成功的关键。近年来,流量行业中的成功企业,大都是能客观对待流量数据、合理运用流量数据的企业。这些企业大多能够对互联网流量进行详细分析,充分利用流量在数据量、多样性及实时更新等方面的优势,对关系型流量进行互联网流量处理,通过数据分析与挖掘,享受流量带来的附加值和竞争力,促进企业效能的提升。如北京字节跳动科技有限公司,作为流量明星企业,在互联网流量运用中可谓驾轻就熟。该公司以算法技术起家,其旗下产品今日头条、抖音、西瓜视频、头条百科、皮皮虾、懂车帝、悟空问答等都是流量界的翘楚。2012年,该公司独立研发的今日头条客户端,借用算法技术实现弯道超车后,形成了较为固定的变现路径:用算法和资金为新项目投喂流量,使其成为爆款,产生规模效应,然后流量变现。2016年,今日头条独立孵化的用户生成内容(UGC)短视频平台火山小视频和抖音短视频,再次风靡全球,当然也收割了巨额流量。从今日头条到抖音短视频,北京字节跳动科技有限公司的发展路径是流量经济的典型代表。根据青岛市人民政府和中国人民大学中国民营企业研究中心在莱西共同主办的全球独角兽企业500强大会发布的数据,2022年字节跳动以19500亿元估值位居全球独角兽500强公司榜首,远超其注册资本1000万元,也远超第二位的SpaceX和第三位的阿里云,字节跳动因此赢得了国际资本的青睐。然而,在不设边界的野蛮生长下,字节跳动高歌猛进的业务受到了流量算法的反噬——下一个爆款产品迟迟未来,而抖音成长的天花板多次被外界提及。字节跳动不得不攻入别人耕耘多年的腹地。另一方面,没有被抖音流量算法选中的产品进行的都是无效推广,只有市面上有相似的爆款出现才是其入场的最佳时期。这显然是不符合经济发展规律的恶性竞争,在此逻辑下,公司员工和作为免费劳工的网民越来越以无产阶级化的特征陷入算法等技术编织的牢笼,企业发展瓶颈开始显现,企业继续发展的前景堪忧。所谓"成也萧何,败也萧何",对流量资本的使用必须遵循辩证否定的客观立场,才能真正使用好、驾驭住流量资本。企业既要重视资本的生产要素功能,借助互联网流量强化网络的正反馈效应,充分享有网络经济外部性,以流量实现网络经济下对市场的战略锁定,发挥需求方经济的规模效益,为企业赢得发展的优势;同时,企业更应该自觉克服资本的边界效应,避免陷入流量资本设置的牢笼,忽视人才培育、创新素养、组织管理能力、品牌口碑、社会效应等对企业发展的重要影响,在资本主导中无序增长,最终迷失发展的方向,失去互联网流量带来的技术革新价值红利与发展动力。

事实上,我国流量行业的生动实践得益于深刻的调查研究。将看待流量资本的辩证否定分析方法从实践经验转化为理论成果,再以理论指导实践,使得流量经济不走偏、不走歪,走得远。通过不断总结资本的新发展和新变化,为揭示资本依附科学技术追求剩余价值的本质以及超越资本扩张逻辑提供理论借鉴。深入挖掘劳动价值论的科学价值,深入研究资本的流转、价值的产出以及资本与科技的互助融合发展,从理论上证明流量资本与社会经济发展的可持续性,为克服资本对劳动价值论的破坏提供新的理论证明,促进了理论的不断发展和进步。当前,在推进中国特色社会主义市场经济的进程中,一方面,我国着眼于社会治理能力体系的研究,牢固树立以公有制为核心的多元化经营模式,落实人力、财力、技术等多种因素的均衡分配,充分调动社会力量,促进企业的可持续发展;另一方面,通过中国特色社会主义法治研究,不断完善市场经济的法律法规,建立完善的监管机构,严格控制资金的流入,以确保其不得进入政府机构或者参与其他重大事务。通过完善和改进监管机构和执法机构,我国有效地解决了由于资本双重性导致的财产和福祉的不均衡,促进了社会的和谐稳定。

二、资本要素是社会主义市场经济背景下的重要生产要素

资本主义国家对资本的放纵使用加剧了资本的扩张,强化了资本无序性的破坏作用,为经济长远健康发展埋下了危机的伏笔。因此,在很长一段时间,我国对资本的使用都持否定态度,也因此忽视了资本作为生产要素的积极作用。改革开放以后,在"什么是社会主义、怎样建设社会主义"的深刻认识中,党和国家对资本的认识日渐清晰,社会主义市场经济理论建立并不断成熟。邓小平站在人类文明发展的高度,指出:"社会主义要赢得与资本

主义相比较的优势，就必须大胆吸收和借鉴人类社会创造的一切文明成果，吸收和借鉴当今世界各国包括资本主义发达国家的一切反映现代社会化生产规律的先进经营方式、管理方法。”[①]此后，资本走进了社会主义市场经济的历史，不仅在“引进来”和“走出去”的开放战略中发挥了重要作用，也成为中国特色社会主义实践的伟大创举。中国打破既定的思维定式，经过多年的不懈努力，最终形成了一个全新的思想体系，即“计划经济不等于社会主义，资本主义也有计划，市场经济不等于资本主义，社会主义也有市场”[②]。社会主义市场经济旨在将公共财富分配给所有者，并将国家财富分配给所有者，旨在满足人民的需要，资本作为生产要素只是这个运行体系中的工具性存在。该经济模式突破了传统的资本主义生产关系，既强化了资本在市场经济中的驱动因素，又重视政府部门在经济社会治理中的积极作用，构建了一个健康、平衡、发展、包容、可持续发展的社会经济环境，实现了各方努力与共同受益。

在市场经济中，与其他生产要素相比，资本还具有将各种生产要素组合起来进行生产经营活动的特殊功能，这也成为当前我国数字经济、流量经济发展的重要实践路径。市场经济的运行，主要是资本使用货币功能购买生产资料、劳动力和相关技术等要素，建立企业并从事生产经营活动的实践过程。在中国特色社会主义市场经济条件下，资本仍然客观存在。习近平总书记指出：“在社会主义市场经济体制下，资本是带动各类生产要素集聚配置的重要纽带，是促进社会生产力发展的重要力量，要发挥资本促进社会生产力发展的积极作用。”[③]随着互联网信息化的快速普及、科学技术的快速发展，互联网流量以数据的形式已经快速地应用于各行各业之中，流量资本作为依托互联网模式下的资本样态在利用网络技术组织生产经营方面发挥了重要作用。互联网企业在电子商务体系中不断成熟和完善，“互联网+”的综

---

① 邓小平文选(第三卷)[M].北京：人民出版社，2023：373.

② 邓小平文选(第三卷)[M].北京：人民出版社，2023：373.

③ 习近平.依法规范和引导资本健康发展[N].经济日报，2022-05-12.

合模式不断创新和改革，并且取得了很好的成绩。电商的快速发展极大地推动了互联网经济的发展，使得互联网经济平台快速增加，互联网流量数据不断增大，成为调节市场运行的助力。总体看来，互联网经济已经进入经济发展的快车道，对整体的经济发展具有很大的促进作用，但是互联网经济在信息化、数据化、智能化等方面依旧有很大的进步和优化空间。在互联网快速发展的背景之下，推动互联网发展，需要继续发挥互联网流量资本的组织生产功能，使得互联网流量可以更多地应用于市场经济体系中，不仅形成互联网经济发展的支撑和动力，也带动线下实体经济发展。以电商平台为例。一方面，各大电商平台合理、有效地利用流量资本加强平台建设，在流量竞争中不断地吸流、引流，在互联网流量多元化、安全化、通用化应用中不断地发展壮大；另一方面，更多具有地方特色的高质量产品入驻电商平台，使得传统经济主体可以更加便捷、低成本地应用互联网流量，扩大平台经营范围，提升平台供给质量，最终促进线上线下协同发展。

三、中国特色社会主义具备战胜资本原罪的制度优势

为了追求源源不断的价值增殖，资本家对工人阶级实施了人类历史上最残酷的剥削和压迫，因此，资本的本质是带着赤裸裸的剥削与压迫的资本主义生产关系。这种剥削与压迫在资本原始积累阶段表现得尤其彻底，资本家利用暴力手段剥夺农民的土地、利用国家政权的力量进行残酷的殖民掠夺，资本原始积累的过程就是征服、奴役、掠夺与杀戮的过程。马克思感叹："资本来到世间，从头到脚，每个毛孔都滴着血和肮脏的东西。"[①]为了实现扩张以应对"生产过剩的瘟疫"[②]，不管是华尔街的资本，还是寄生于技术的数字资本，其资本的原罪非但没有减少，反而在更广的空间内把前述矛盾弥散开来。流量资本作为新的资本样态，在科学技术的加持下，呈现出增殖逻辑整体强化、扩张逻辑持续加强、物化逻辑愈加凸显的嬗变，亦以更快的

① 马克思恩格斯选集（第二卷）[M].北京：人民出版社，2012：297.

② 马克思恩格斯选集（第一卷）[M].北京：人民出版社，2012：406.

速度不断滋生出自我否定和自我扬弃的因素。普雷希特曾指出:“硅谷企业家还是把我们当作依赖于他们的附庸。他们内心贪婪,追求更多的金钱,受到资本的推动,这些手持资本的股东除了钱以外对其他任何东西都不感兴趣。”[①]要想彻底改变这一现状,必须彻底消除生产资料资本主义的局限,以实现社会的公平正义。“问题是时代的声音,回答并指导解决问题是理论的根本任务。”[②]马克思主义也从来不是书斋里的理论,“资本的扬弃并非外在于人的纯粹客观过程,它只有通过人的能动性活动特别是革命性实践才能真正展开和实现”[③]。随着中国特色社会主义实践的持续深化,中国已经探索出一整套解决资本问题的行之有效的实践经验与理论总结。2019年,党的十九届四中全会将单一的所有制基本经济制度发展完善为所有制、分配方式、经济体制“三位一体”的基本经济制度体系。这不仅为我们正确使用资本、克服资本的原罪提供了根本遵循,而且为我们在实践中探索驾驭和利用资本职能、引导资本参与社会生产提供了制度保障,从而为实现对流量资本等新资本逻辑的扬弃和超越提供了中国方案,展现了中国特色社会主义战胜资本原罪的制度优势。

具体而言,习近平经济思想为解决资本的现实问题提供了系统论述,创新、协调、绿色、开放、共享的新发展理念更是为解决资本原罪提供了系统方案。资本主义生产中的剩余价值,是劳动者对象化的剩余劳动,对资本家来说,就意味着无偿占有了劳动者的对象化成果,是资本家的独享。以公有制为基础、秉持共享发展理念的中国可以在流量经济中实现普遍共享,从而以共享赋能共同富裕,最终摆脱资本原罪。以基础设施体系为代表的生产资料实现共享,“以人民为中心”去挖掘发展的潜力、寻找发展的动力、实现发展的目的,数字权力、流量效率与社会主义建设之间达成了统一,充分发挥

---

① 理查德·大卫·普雷希特.我们的未来:数字社会乌托邦[M].张东,译.北京:商务印书馆,2022:88.

② 习近平.高举中国特色社会主义伟大旗帜 为全面建设社会主义现代化国家而团结奋斗——在中国共产党第二十次全国代表大会上的报告[M].北京:人民出版社,2022:20.

③ 刘志洪.当代资本的逻辑嬗变[J].现代哲学,2019(05):56.

了流量资本组织生产的积极作用。“生产过剩的瘟疫”使得全球化发展转变为全球扩张问题，而人类命运共同体理念正好破解了这一难题，以构建人类命运共同体为核心，通过融合发展的方式从传播“生产过剩的瘟疫”转向推动实现全球共同富裕。这就意味着，共同富裕不是一个地区、一个国家的问题，而是在迈向共同富裕的征程中提高全球生产力水平，对资本原罪实现彻底的扬弃。

第四节 实践超越之具体路径

一、加强马克思资本理论的中国化、时代化研究

在前面的研究中，多次提到马克思《资本论》的视域，也正是这一视域指导我们正确地透过网络经济、流量经济中的众多现象认识到流量资本的本质。当我们将马克思主义与普通经济学作类比，可以获得马克思的劳动价值论与资产阶级古典经济学的劳动价值论的区别。马克思以哲学的辩证唯物主义立场，在劳动二重性(具体劳动与抽象劳动的辩证统一)学说的基础上建构了劳动价值论，还因此创立了拜物教批判理论。然而，这也给人们造成一种错觉，认为马克思的政治经济学、劳动价值理论、资本理论等是一种独立于经济领域的文化理论，甚至会以文化与经济的非同一性否定马克思主义理论对经济领域的指导。尤其是随着时代的变迁，马克思资本理论能否解决21世纪的经济问题以及网络经济问题等也成为人们的普遍质疑。无疑，这些都曲解了马克思资本理论，削弱了马克思主义理论的时代价值，欠缺了实践性探索。一切文化都是在具体的生产过程中产生的，科学理论作为文化的代表，不仅能够分析经济现象、指导经济建设、解决经济问题，还具有突现性、统领性，并能够影响整个社会的发展与进步。马克思围绕资本展开的分析，不仅是马克思主义政治经济学的核心、是永不过时的真理，更是网络经济时代解决现实问题的根本遵循，其理论价值、时代价值不容忽视。今天，我们在研究中广泛运用马克思资本理论的基本立场、观点和方法分析

流量经济的兴起、流量资本的出现、流量资本主义矛盾的凸显等一系列问题，正是马克思资本理论在网络经济时代真理价值的彰显，也是继续发展马克思主义理论的过程，必将服务于网络经济时代，服务于网络社会的健康有序发展。

过去的经验表明，马克思主义政治经济学为我们提出了一种全面的、可靠的思想，使我们能够在当今以及未来的经济环境中，正确地认识和应对经济变化，为经济增长和可持续发展贡献了强大的智慧和力量。随着改革开放的深入推进，马克思主义政治经济学成为推动中国发展的重要思想武器，将马克思主义的原则和中国的经验有效地结合起来，为国家应对复杂多变的国际环境提供了有力的保障，从而为国家经济的长期健康发展提供了有力的支撑。随着经济的转型升级，马克思主义政治经济学帮助我们深刻地洞察当代资本主义的劳动力、制度、经济结构以及它们之间的相互作用，从而更好地认识到资本主义的剥夺性。不断深入探索马克思主义政治经济学，以科学社会主义为指导，并且把它们融入当代中国经济社会发展的实践中，能够以更加全面、深刻地解决当前的社会经济问题，为当代社会经济建设注入活力，为社会主义事业取得更大突破提供有力支撑。当前，流量经济中的资本具有特殊性。一方面，在全球化、信息化的背景下，流量资本已变成一种重要的新形式的生产组织方式与生产力表征，网络经济需要作为要素的流量资本；另一方面，围绕资本积累形成的特殊策略与中国特色社会主义经济发展之间存在矛盾。例如：如何解决流量商品知识产权问题？如何使广告受众的流量公共化？如何使定向网络广告中形成的用户流量和数据合理利用？如何调节开放性产业与内容产业之间的矛盾？等等。信息具有历史性，信息应被视为一种公共产品和共享物，流量应该是一种公共物品而非一种商品。随着数字经济的发展，作为共享物的流量与作为商品的流量之间的矛盾对立也会愈演愈烈。问题鲜活又生动，挑战与困难显而易见。习近平总书记指出，辩证唯物主义并不否认意识对物质的反作用，而是认为这种反作用有时是十分巨大的。我们提出要准确把握、主动适应经济发展新常态，就是适应国际国内环境变化、辩证分析我国经济发展阶段性特征作出的判断。[①]马克思资本理论在本研究中发挥了重要作用，彰显了马克思主义理论在网络经济时代的时代价值。

今天，我们坚持以人民为中心的发展立场，必须充分考虑广大人民群众的切身利益，做到以人民利益为重点，以全体公众参与分享发展成果为宗旨。习近平总书记提出的以人民为中心的理念，已经深入到我们的日常生活之中，构建起一个充满活力、充满希望的未来。随着数字媒体技术的发展，流量经济所面临的挑战也越发突出：从低收入的实习生到拥有更多收益的自由职业者，从拥有更高技术能力的Facebook的无偿用户到受到更多诱惑的非洲矿工，从拥有更高技术能力的富士康工厂的工人到面临更加复杂的劳动环境的软件工程师，这些都构成了当今社会复杂的社会现象。我国参与国际化的数字劳动分工，也接受互联网最基本的通信协议，因此我国的普通网民也面临以上问题。在世界发展大势中保持中国特色社会主义发展的特殊性，维护我们的基本立场和原则等，需要我们诉诸马克思主义理论。马克思指出，科学的发展将导致工人的职业变得更加集中，从而引发一种新的矛盾，那就是随着科学的发展，人类的工作能够更加高效地完成，而且不再受限于传统的职业分工。在当今的社会中，由于资本主义的存在，网络经济并未为人们提供一种真正的公正和平等的社会环境。马克思曾深刻地探索并阐述了金融化这一重要的思想，尤其是在《资本论》第三卷中，马克思提出了虚拟资本的观点，并指出资本主义存在明显的集权趋势。随着社会的发展，这种集权趋势已被更多的人认可，这种趋势既受到经济实力的影响，又受到信息的影响，从而导致传播的思想变革。马克思曾经强调，传播及其相关的技术没有好坏的界限，只要能够在当下的社会环境中得到认可，就可以发挥出最大的作用。问题变得越来越复杂，既有资本主义固有矛盾的问题，又有伴随科学技术发展、社会进步、时代变化等带来的新问题，因此我们

① 习近平在中共中央政治局第二十次集体学习时强调 坚持运用辩证唯物主义世界观方法论 提高解决我国改革发展基本问题本领[J]. 党建，2015（02）：6-8.

更加需要运用马克思唯物辩证法系统地、全面地、联系地看待问题，借助“具体—抽象—具体”的思维方法准确地分析问题，最终才能真正做到问题导向，彻底地解决问题。

二、运用网络科学技术引导流量资本健康有序发展

“数字中国”“互联网+”，不仅是当前的重点工作，也是未来一段时间内促进IT进步、加快互联网普及的重要举措，更是促进经济创新的重要途径。在网络经济日益成熟的背景下，利用网络科学技术引导流量资本健康有序发展，通过互联网流量平台对数据进行有效的收集、分析、整理，以数据为核心引导工业企业有序发展，进而为网络经济发展创造更加有利的市场条件，成为解决流量问题的重要抓手。

第一，加快全球网络基础设施建设，促进互联互通。只有加强信息基础设施建设，才能让信息资源充分流通，缩小不同地区、不同人群间的信息鸿沟。这意味着，不仅要解决农村地区的宽带接入问题，也要解决不同区域间、不同群体间的信息鸿沟；不仅要打通“最后一公里”，也要同步打通从接入到骨干、从国内到国际的高速信息通道；不仅要缩小宽带网络基础设施从覆盖面到质量的差距，也要缩小信息提供、信息利用能力的差距，全面缩小信息鸿沟，让全体人民用上互联网、用好互联网。只有以开放的态度面对问题才能更好地解决问题，良好的基础设施为互联网信息公共化提供了可能。

第二，推动网络经济的创新与发展。当今世界数字化转型不断推进，已成为一场前所未有的科学革命，一场前所未有的工业变革。在这一过程中，“数字中国”的指导思想、“互联网+”的实施措施，使得中国在构建数字化竞争优势方面取得了重大进步，不仅推进了信息通信技术的应用，还与制造、能源、材料、生物、管理等多种技术紧密相连，使得互联网在经济、政治、文化、教育、医药、金融服务、法律等多方位得到了充分利用，从而推进了中华民族伟大复兴。通过不断探索、改进、完善，可以有效地利用各种行业的创新潜力，将技术、产品、服务以及商业模式有机结合，构建出更加完善的供应链，满足更多的消费者需求，催化出更多的产业结构，提供更多的市场机会，

提高全要素生产率，使经济由以往的快节奏扩张转变为以质量为核心的高效可持续发展。

第三，通过新媒体技术促进网络经济发展。通过研究新媒体技术与网络经济之间的辩证统一关系，可以更好地理解它们对人类的影响。新媒体技术的发展不仅促进了网络经济的发展，而且推动了技术的革新，从而改变了人们的实践、思维和生活方式，促进了技术的进步和经济的发展。研究表明，深入挖掘新媒体技术影响网络经济的深层次机理，可以更好地理解其中的联系，包括技术、经济体制、个人的主观能动性等。为推动新媒体技术与网络经济的发展，我们应鼓励政府、媒体行业、个人共同努力，推动科技的持续创新，实现可持续的社会繁荣。我们必须深刻理解科学技术的重要性，积极推动科学技术的变革，以确保社会的持续健康发展。这一过程也伴随着许多棘手的问题，唯有通过持续的科学创新，增强核心竞争力，才能够融入世界的潮流之中。

三、优化国家网络治理现代化提升流量资本治理效能

随着科学技术的发展，经济的数字化已经超越了虚拟的层面，改变了原有的经济格局，建立了一个基于数据、资源、服务，综合调度的，具有可持续发展潜力的，具备操作性、创新性、可扩展性、可预测性的经济技术模式。本质上，数字经济、网络经济、流量经济也是由人所主导的经济模式。因此，为全面提升流量资本的治理效能，应加强对网络经济治理能力和治理体系的建设与投入。

第一，保障网络劳动者权益。一个社会的文明程度，除了受到其经济的影响外，更重要的因素是其个人的权利以及他们的实际生活情况。在一个拥有先进科学技术的数字化社区，若没有保障工人正当的收入、充足的工作机会以及充分的休闲娱乐，他们仍然只能被视为被科学技术所支配的数字奴隶。为了确保流量时代劳动者的合法权益，必须重视劳动者的基本生活需求。针对当今流量生产的无序性，应加强对劳动者休息权与自由权的保护，无论是低端的体力劳动者，还是中高端的智力人群，甚至普通网民，都应

该得到充分的尊重。应避免网络环境下职场隐形加班的风险,采取有效的措施对违规违纪行为进行及时惩戒,确保劳动者时间的合理利用,维护劳动者的正当利益。一方面,应尽早建立合理公正的流量数据使用标准,破除流量数据的拜物教崇拜;另一方面,应加强精神文明建设,不断丰富网民的精神生活,提升整个社会的幸福感,避免网络沉迷与依赖。

第二,坚决打击和遏制互联网平台垄断。监督的目的:一方面,可以增进社会的公平,防止资本主义经济的发展,以及它们可能造成的恶劣后果;另一方面,可以促进市场的发展,防止超级垄断的形成,以及它们可能造成的不良影响。随着流量数据的不断增大,互联网平台因掌握了庞大的数据,更可能实现行业的垄断。应建立和完善有助于促进社会公平正义的监管机构和执法机构,确保网络经济得到有效的监管。应让新的网络参与者获得机会,减少先发数字资本的优势,并限制它们对经济和社会的控制。除了显性垄断,还应该关注那些通过价格联盟、工资联盟和其他不正当手段实现的隐性垄断。

第三,加强网络经济环境下的税务管理。流量经济的可持续增长源于数字经济体系拥有更快、更灵活、更可靠的信息交流机制。显而易见,网络营销由于其跨区域经营特性,更应该被纳入国家税收体系,以确保政策的公平性和合理性,同时避免地方政府为了吸引网络企业注册而滥用税收优惠政策的行为。为了更好地促进流量经济的发展,一方面,应加强监管,确保平台具备良好的运营环境,并且具备充分的技术支持,实施合理的税收优惠政策;另一方面,应采取灵活的措施,针对不同的消费群体,如个人、中小企业,实施合理的税收优惠政策。通过制定法律政策,确保在线交易正常运行,确保各级政府的财政权力得到有效的行使。

第四,以法律保障政府公权力的有效实施。公权力的合理调节可以有效地减少由流量剩余价值引发的社会两极分化的风险,从而确保市场的健康发展。随着大型网络企业日益具备公共属性,政府应该采取反垄断措施,以促进竞争,提升效率,促进劳动力的自由流动,阻止数字剩余价值的无限扩张，利用市场机制减少两极分化。政府应该采取更加有效的措施，减少扩张垄断的收益，从而阻止两极分化的加剧。为了更好地满足高收入阶层的需求，政府应当大力推广积极的税收政策，并将这些政策有效地融入社会福利制度之中，以更好地发挥税收的作用。

第五，加强可持续的社会福利机制建设。流量经济的财富不应该只属于少数阶层，而应该被广泛分配。在流量经济时代，政府应当采取一系列措施，包括反垄断、二次税收调节、最低工资制度等，以及建立完善的福利制度，以便对流量剩余价值进行公平的分配。此外，政府还应当优先考虑为老年人、儿童等弱势群体提供福利，加强医疗救助体系的建设，将剩余价值直接回馈给公民。完善社会福利体系是一项艰巨的任务，不仅需要重新分配财富，更需要推动社会结构从以生产为主导的模式转变为以改善人民生活为目标的模式。

本章小结

本章分析了应对流量资本问题的具体实践，提出以辩证否定的基本立场实现实践超越，并为该超越规划了具体路径。首先，资本的双重性质规定了流量资本的边界，科学技术的正义决定了流量数据的正义，这二者构成了应对流量资本扩张辩证否定的理论依据。接着，流量资本问题在我国经济、政治、制度三个层面实践的现状与资本在我国流量数据正义实践中的现实表现，构成了应对流量资本扩张辩证否定的实践依据。最后，对流量资本的实践超越将落脚于从理论层面、技术层面、国家治理层面设计的三条具体路径。从流量资本问题的提出，到流量资本问题的解决，至此，本研究以“具体—抽象—具体”的研究思路，达到了从提出问题到解决问题的研究目的。

图书在版编目（CIP）数据

流量资本政治经济学研究 / 黄燕著. -- 湘潭 : 湘潭大学出版社, 2025. 5. -- ISBN 978-7-5687-1742-7

Ⅰ. F0

中国国家版本馆 CIP 数据核字第 20250RW599 号

流量资本政治经济学研究

LIULIANG ZIBEN ZHENGZHI-JINGJIXUE YANJIU

黄燕 著

策划编辑：罗 联
责任编辑：罗 联
封面设计：张博雅
出版发行：湘潭大学出版社
社 址：湖南省湘潭大学工程训练大楼
电 话：0731-58298960 0731-58298966（传真）
邮 编：411105
网 址：http://press.xtu.edu.cn/
印 刷：长沙超峰印刷有限公司
经 销：湖南省新华书店
开 本：710 mm×1000 mm 1/16
印 张：12.5
字 数：204 千字
版 次：2025 年 5 月第 1 版
印 次：2025 年 5 月第 1 次印刷
书 号：ISBN 978-7-5687-1742-7
定 价：68.00 元